辰巳 渚

美しく軽やかに

暮らしを整える44の秘訣

JN186929

X-Knowledge

はじめに
…美しく　軽やかに　潔く　自分らしく

40代から50代にかけての時期は、女性がふと「我に返る」ときなのではないかと思います。結婚・子育て・仕事にただただ追われ続けた日々が過ぎ、ひと息つく余裕ができたとき、「私はいったい何者なのか」と自問する瞬間が訪れるような気がするのです。

家族の状況や、自分の身体の変化にともなう戸惑いや悩みにも、この年代に共通するものがあるでしょう。その裏には共通して、「こうしなければ」「こうあるべき」などという、理想と言えばきれいですが、自分を「縛る」かたくなな思い込みが潜んでいるのを感じます。この本は、そんな縛りを解きほぐし、自分らしさを取り戻してもらうことを願って書きました。

私は、２０００年に『「捨てる！」技術』を書いたときから、物余りの時代にいかに心豊かな暮らしを営むかを、一貫したテーマにしてきました。その後、シングルマザーとなり、再婚するという経験を通して、初めて見えてきたものもたくさんあります。それらについて、私が一番大切にしている「暮らし方」を軸に、３つの章にまとめました。

第一章では、「暮らし」にまつわる日々の手仕事について、第２章では、「住まい」を整える考え方について、第３章では、変化する「カラダ」とのつきあい方について記しました。

読み進める中で、「ああ、やっぱりこのやり方でよかったんだ」という気づきがあるかもしれません。そんなふうに「これまでがんばってきた自分を認め、これからも続けていく勇気を得る」ことも、この本に託したもうひとつの願いです。実践的なこと以外に、心のあり方についても触れるようにしました。

これから歩みを進めていくあなたの人生が、年齢にふさわしい確かな知恵と軽やかな自由に彩られ、希望あふれるものになることを願っています。

築50年の古家をリフォームした浅草の家。漆器屋の店舗だった土間を活かし、リビングルーム兼接客室に。大工さんと自分たち夫婦の共同作業で明るい空間に。

目次

第一章

暮らしを整える

第二章

住まいを整える

第三章

心と身体を整える

撮影／宮濱祐美子
デザイン／藤崎良嗣
五十嵐久美恵 pond inc.
編集協力／松川絵里
編集／別府絹美

第一章

暮らしを整える

自分の暮らしを好きになると、暮らしが整う

変わりなく過ぎていく日々、同じことの繰り返しの家事。気ぜわしくしているときには、「ああ、疲れる」「何もしたくない」とうんざりした気持ちになることも多いけれど、時に愛おしい瞬間が訪れます。

自分よりもはるかに背が高くなった息子が、あたりまえのような顔をして食卓に座り、夕食をもりもりと食べている顔を見ているとき。あら、この子、いつからここでこうしてごはんを食べていたんだっけ、とまじまじと見つめたくなります。

いつもの手順で掃除をしているときにも、そんな瞬間があります。まあ、私ったら、何十年も続けてきたみたいに、まじめくさった顔をして昨日と同じことをやって

るわ。自分のことをくすっと笑いたくなります。

それは、日々を見守ってくれている何かが、私を励ますために差し出した瞬間のようです。ほら、変わらない毎日って愛おしいよね、と。この暮らしは、長い時間をかけて私の手で作りあげてきたものだから価値があるんだよね、と。

あたりまえの日々を変わりなくまわしていくことに、もっと自信を持ってもいい！と思えるのはそんなときです。

変えた方がいいのは、「こんなことを続けていていいのか」という思いだけなのかもしれません。迷う気持ちを捨てて、いまやっていることを「これでいいのだ」とていねいに続けていく方が、暮らしはさらさらと流れていくはずです。

この章で書いているのは、私が日々の暮らしをまわすためにやってきたことです。特に40代になって、「これでいいのだ」と素直に思えるようになったものばかりです。おそらく私にしかできない特別なことは、ひとつもないのではないでしょうか。でも、これを迷わずに続けているおかげで、少々怠け者の私でも、よどみなくすっきりとした暮らしができているのです。

「私も実はそうしてきた」「こうしてみたかった」と共感していただけることがあれば嬉しいです。

鏡と照明器具をうまく組み合わせると、鏡の向こうにも空間が広がり、光が複雑になって、部屋に奥行きが生まれます。

娘の机や椅子に合わせてデザインしてもらったチェリー材の鏡を、絵を入れた額と同じ感覚で壁にレイアウトしてみました。

潔く決める

…いまの決断を積み重ねる

たくさんのことをこなしながら、それでも余裕があるように見える人は、見ていると決断が早いようです。

迷ったり先延ばししたりすることによけいなエネルギーを使わないで、決めた後の行動にできる限りのエネルギーを使っているから、着実にものごとを片づけていけて、なおかつ余力があるようにさえ見えるのでしょう。

もしかしたら、私もそういう人だと見られているかもしれません。どうしてこれだけたくさんのことをこなせるの？と不思議がられることもあります。

でも、私も迷います。決めたことに絶対の自信があるわけでもありません。決めてしまったら、修正するのは倍のエネルギーがいるのだから、後戻りできない不安もあります。

それでも、何もしない後悔よりも、行動する不安のほうがずっと前向きだ。そう思って、ものごとを決めるときには潔くあろうと心がけてきたことが、いまの自分を作ってくれた気がします。

潔さは、どうしたら身につけられるのでしょう。

単純な方法ですが、私は口に出すようにしています。「来年は、こういう本を書きたい」「夜はなるべく家で食べたい」……どんなことでも、「こうしたい」と思うことは、なるべく公言します。

若い頃は、実行できないと恥ずかしいので「不言実行」を標榜していましたが、それでは結局何もしないで終わってしまうことに気づいたのです。

公言するとは、何よりも自分で自分に信じさせる力があるのですね。

それに、何度も口に出して人に話しているうちに、抽象的に考えている部分を検証でき、決めたことがより強固になっていくようです。

もうひとつ見つけた方法は、自分に嘘をつかないことです。

私は怠け者なので、簡単に自分に嘘をつきます。「いまじゃなくてもいいかもしれない」とか「このくらいの仕上がりなら、納品できるだろう」とか。そんなときは、人に会うのが面倒だったり眠たかったりなど、怠けたいときなのです。
その自分をつくづくわかってきたので、「いまじゃなくても……」と思い始めたら、「いや、いまだ」とつっこみを入れる自分をもう一人、準備しています。すると「たしかに、いまよね」と奮起できるのだから不思議です。

結婚や出産のように時期が重大な決断は、20代、30代に集中して訪れます。40代、50代の決断は「いま決めなくてもいつかでいい」と思えるものも多くなってきます。だからこそ、先延ばししないで積み重ねていく決断のひとつひとつが、50代以降の自分らしい暮らしを準備してくれると信じています。

浅草の家のお気に入りの空間です。48歳での浅草への引っ越しは、大事な決断でした。50代に向けての夫婦の仕事の展開が、引っ越しをきっかけに動きだしたのです。

信念に基づいて捨てる

…「いま」の「私」を基準に「行動」する

捨てることの大切さは、いまさら説明するまでもないかもしれません。いらない物を捨てることで、いる物が見えてくる。そのいる物を大切にすることで、自分らしい豊かさや幸せがすっきりと見えてくる。たぶん、「そうそう」と言っていただける気がします。

でも、ときどき「捨てなきゃいけないけれど、捨てられない」と相談にきてくださる方のなかに、捨てればそれで幸せになる、捨てればすっきりした暮らしが手に入る、と信じている方もいるので、ちょっと考えてしまいます。

捨てるのは、大切な物を見つけるための手段です。捨てれば捨てるほどいいことが起きるわけではありません。逆に、捨てることに熱心になりすぎると、大切な物までわからなくなってしまう気さえします。

私は、『「捨てる！」技術』で捨てることを20カ条の技術として表現したのですが、つまるところは、次の三つの信念に基づいていました。

ひとつめは、「いまを大切に」という信念です。

「いま」を基準に判断する。「いつか」「とりあえず」「仮に」と判断を先延ばししないで、いまの自分を信じて捨てればいい。いまの自分をしっかり生きていれば、明日もまた明日の自分がしっかり生きていくだろう。そう信じる気持ちです。

ふたつめは、「私を大切に」という信念です。

「私」を基準に判断する。人が便利だという物や人がもったいないという「正解」ではなく、自分にとっての「納得」を大切にする。それを「他人の〝とっても便利〟は私の〝じゃま〟」と表現したりもしています。もちろん、逆もまた真なり、です。

三つめは「行動を大切に」という信念です。

判断したら、きっぱりと捨てる。やってみることを重視して、失敗を恐れない。とりかえしのつかない失敗などない一方で、何もしなかったことによる損失はとりかえしがつかないと思います。

捨てることを実践していくと、おのずとこれら三つのこと――「いま」を確かに生き、「私」らしく、「行動」する、信念を持った人になれるのですね。

眠りの環境を大切にする

… 寝具を買い替える

人生の三分の一は眠っている時間だといいます。40代に入ると、起きている時間を充実させるには、眠りが大切だとつくづく実感します。ぐっすり眠れた翌朝は、身体が軽くなるだけでなく、気持ちまで晴れやかになります。眠りは質が大切なこと、そのためには自分に合った枕や、身体をしっかり支えてくれるマットレスなどの寝具選びが大切なことは、言うまでもありません。子どもが個室で寝るようになったのを機に、長年使ってきた寝具を買い替えたとき、改めて寝具の大切さを痛感しました。

新しいマットレスは、腰や背中を歴然と楽にしてくれます。新しい枕は、清潔で気持ちがいい。上質なタオルケットは、身体にやわらかく巻きついて安心させてくれます。こんなにも心身共に安らげるようになるとは驚きでした。これから先の20年、よく眠れるだけでいままでどおりに働ける！と自分を鼓舞しています。

ラルフローレンの寝具は、まさに大人のための寝具。同じ白でもキルティングや織りなど表情が多彩で、飽きません。

家事と仲直りする

…家事をする自分を楽しむ

家事は、好きですか？　毎日、とにもかくにも家事をして暮らしているわけですが、その家事との関係は、良好ですか？　私はいま、家事とそこそこ仲よしです。

結婚当初は楽しかった家事も、子育てに追われるようになると負担ばかりかける困った存在になっていきます。家事には終わりがありません。誰も褒めてくれず、進化もない、繰り返しの作業です。30代の私にとっては「家事は大変」という思いが強かったものです。しかし、私自身も含め女性には、結婚や出産を経験して十年から十五年がたつころ、〝家事と出合う〟タイミングがある気がします。

家事を身につけるのに必死な30代を経て、40代には家事がルーティンになります。その頃、「こんなことばかりして、毎日が過ぎていっていいのかしら」という思いが胸をよぎります。その愕然とするような思いこそが、家事との出合いをもたらしてくれるのです。

私がしてきたことには価値があるのだろうか、これからも家事をしていくのだとしたら、その繰り返しに耐えられる意味が欲しい。そう思ったら、こんな考え方があることを思ってみてください。

「家のことは、生きること」。

私がいま、自分の支えにしている信念です。

説明したり、説得したりする必要はないでしょう。いままで、繰り返し家の掃除をし、家族の服を洗濯し、たくさんの料理を作ってきた経験があるからこそ、家のことにはいいこともたくさんあるとわかっているはずです。

掃除は、やればすっきりして達成感がある。洗濯をすると、身体がせいせいする。料理は、作れば「おいしい」という笑顔が返ってきて、幸せな気持ちになる。

家事が好きでなくても、得意でなくても、いいのではないでしょうか。ただ、その日その日を生きるために手と身体を動かすとき、自分自身をしっかりと生き、大切な人の役に立っている喜びを感じられるのだと思います。「なるほど、そうだなあ」と感じてもらえたなら、それが家事との出合い——家事との仲直りです。

手を動かしながら暮らす

…ラジオをつけて家事をする

手を動かしてさえいれば、暮らしはそれなりにまわっていきます。手を動かすことを惜しまないのが暮らしじょうずなのです。

P.16で「決断する」ということを書きました。「あれをしよう」「これをしよう」と思っていても、忘れてしまったり、「いまでなくていいか」と先延ばししたり……。自分への言い訳がうまくなってしまうのも、年の功ですね。家の中にも手を止めたくなるきっかけがいっぱいです。そのひとつが、テレビでしょう。

テレビがついていると、つい見たくなります。そして、手が止まります。

朝、時計がわりにテレビをつけ、ついそのままにしておくと、うっかり午前中を過ごしてしまうこともありますね。

暮らしじょうずになるために、私は、家のなかでなるべく目と手を解放してあげることにしています。気合いを入れて掃除をするときは、音楽をかけます。ロックや歌謡曲がお気に入りです。

もう少しじっくり手を動かしたいときは、ラジオが強い味方です。繕い物やアイロンかけ、手のかかる料理の下ごしらえなどのとき、テンポのよいトーク番組は単純作業の退屈さを忘れさせてくれ、どんどんはかどるのです。

あまり動きたくない気分の朝も、アップテンポの音楽をかければ調子がつきます。ラジオをつけに立ち上がったら、そのまま始動するようにします。

「掃除機頼み」を卒業する

…はたきとぞうきんを使う

あるとき、掃除の気の重さは掃除機の重さだったんだ！ と気づいて、掃除機頼みをやめてみました。すると、あんなに面倒くさかった掃除とも仲よしになれることがわかりました。

子どもが外からたくさんの砂やほこりを持ちこんできた時期ならともかく、いまは徹底的な掃除機かけは週に一度でも充分。代わりに、軽くて手に取りやすい道具を、身近なところに見えるように置いておくようにしました。

床から上は、はたきひとつでほこり知らずになります。ぱたぱたするのは、子どもも大好きな楽しい作業です。せいぜい三日に一度で、「辰巳さんの家はなぜほこりがないの」と言われるのだから嬉しくなります。

はたきは自分が使いたいものがなかったのでオリジナルをつくり、販売もしているほどです。ポイントは、柄が手になじむこと、静電気の起きない軽い布であること、そして見て美しいこと。

はたきは、ほこりを直接「からめとる」のではなく、風を送ってほこりを吹き飛ばす道具です。布が触れない部分のほこりも払えるので、こまごまと写真立てが並んでいる棚や凝った照明器具の掃除が、素晴らしくらくちんです。

ほうきは特に高価なものではなく、昔ながらのイグサで編まれたものを愛用しています。床用の大小と、テーブル用の荒神《こうじん》ぼうきを使い分けていますが、ちょっとしたパンくず程度のためにでもさっと手にとって使える手軽さがいいところです。

ぞうきんも、お勧めです。固く絞った布を直接手に持って床も柱も拭きあげるのは、湿潤な風土と床に直接座る暮らし方にあった掃除の仕方だと、使うたびに納得します。

いつもは掃除機やほうきで済ませている床も、時々ぞうきんを使うと、ただごみを吸い取ったのとは違って、拭き清められたきりっとした空気が漂います。

キッチンの床は、いつも拭いてきれいにしているので、床にこぼれた水程度なら台布巾でさっと拭くのも平気です。

片づけの三原則を守る

…「定位置・定量・捨てる」だけ

私は、こまごまとした雑貨が好きだし、きちんとしすぎたモデルルームのような家は落ち着かないたちで、本当は片づけが好きなわけではありません。

でも、片づけについて考え続けて飽きないのは、それが暮らしを考えることだからなのだと感じています。どんな物を持つかは、その人がどう暮らしたいかの価値観そのものだから、片づけを考えるとは、自分自身に向き合う作業なのですね。

暮らし方として考えていると、片づけがどんどんシンプルに見えてきます。

原則は、「定位置・定量・捨てる」です。

たったこれだけの原則について、それぞれの物や場所で、自分がやりやすいやり方を見つけていく。そして実行していく。すると、暮らしは必ずうまくまわります。

「定位置」は、元に戻すための場所です。もっとも戻しやすい場所を見つけることが大切であって、ただ場所を決めればいいのではありません。

「定量」は、使いこなせる量のことです。つまり、いま「使っている分」が、ちょうどいい定量なのです。いま使っていない物は、多すぎるかいらない物なのだと考えればいいわけです。

「捨てる」は、暮らしをまわすエンジンです。暮らしは常に動いているのだけれど、その流れがよどんでしまうところもある。一番よどむのが、いらない物を追い出していく流れ、つまり捨てる作業です。買うのは楽しいし、必要なことだからよどまないのに、捨てるのはよどんでしまうのですね。

一番動きにくいこの部分を動かせば、暮らし全体がさらさらと流れるようになります。だから「捨てる」をエンジンだと思えばいいということです。

この三原則は、自分一人なら、ちょっと意識すればほどほどにうまくできるようになるものです。一人の片づけは、とてもシンプルです。

現実の暮らしで問題となるのは、家族ですね。

一人で暮らしている家と、人と一緒に暮らしている家とでは、同じ「片づけ」でもまったく違うジャンルに属すると思った方がいいくらいです。家族が変わるときには、この三原則を一緒に見直すタイミングだと考えてみてください。

物の扱いの原則は同じでも、人によってやり方は違います。家族と共に暮らしている人の片づけは、お互いのやり方をすり合わせて、「わが家のルール」にしていくプロセスなのです。

これが、どれだけ難しいかを改めて納得したのは、数年前に再婚したときでした。それぞれ家族で暮らしてきた歴史がある40代同士だから、20代の頃の結婚よりもはるかに、「だって、これがあたりまえでしょう?」と言い合うような場面が多くなったのでした。

それで、再婚当時は、片づけがうまくまわらなくなってしまったのです。

私がずっと家族で守ってきたルール「食卓には物を置かない」も、夫にとっては「またすぐ使うのだから脇に置いておく方が便利」と感じられるようです。でも、私が彼の物を片づけるのは嫌ではないとのこと。それで、いまのわが家のルールは「食卓は、夫の物は妻が夫の机に移動し、子どもの物は母が指示して子どもが片づける」というものに変化しました。

結果、「食卓には物を置かない」がかなえられるので、これでいいのだ、と満足しています。この発想、身につけると楽になるので、改めてP.146でご紹介します。

上／いつも使う鍋はこれだけ。シンクとガス台の中間が戻しやすい定位置です。重ねないことで戻しやすくしています。　下／カトラリーは家族４人の人数分が基本の数です。アクリルケースで仕切って、ひと目で場所と量がわかるようになっています。

片づけの極意は「元に戻す」と信じる

…戻したくなるしかけをつくる

「片づけの三原則」という話をしましたが、それをさらにシンプルにしていくと、「片づけとは元に戻すこと」という極意にたどりつきます。

「出したら戻す」さえできれば、「片づけ」という家事はなくなります。しかし、元に戻す作業は面倒です。だから、自分や家族ががんばらなければできない収納法は、決して続きません。

たまに家に来る誰かがが感心してくれることよりも、家族が楽に暮らせることを優先して考えた方がいい。そのために、私は、自然に元に戻したくなるしかけを、家のなかにたくさん作っています。

食器棚を新しくしてかれこれ四年たったいまも、開けるたびに嬉しい引き出しがあ

一日中お茶やコーヒーを飲むので、オープンなストレージを作業台の上に作り、そろいのびんに入れて並べました。

ります。サイズに合わせ、四列のアクリルケースをあつらえた引き出しです。１００円ショップの収納グッズも使ってきたけれど、どうしてもすきまができて中で動き、ほこりも溜まります。それで、思い切って奮発したわけです。

そこに、スプーン、フォーク、ナイフなどのカトラリーを分類してしまうことにしたのですが、いつも片づけるのが楽しくて仕方がありません。ぴたっとしている感じが、幸せなのです。

家族も目で見てわかるので、きちんと分類どおりに片づけてくれるのも嬉しいことです。子どもは、違うところに入っている物をわざわざ入れ直すくらいです。

収納場所が「ここに戻して！」とわかりやすくメッセージを出していれば、人はつい従ってしまうようです。アクリルケースは、いまや下着の棚からストック食品の棚にまで活用されています。

包丁は洗った後に戻すのが面倒だから、濡れたまま放置しがちでした。そこであるとき、引き出しを底上げして包丁を並べられるようにしてみました。清潔な白い布巾の上に並ぶ包丁を眺めると、まるで板前になったような気分になります。敷いてある布巾を湿らせたくないので、しまう前にさっと拭く手間も面倒ではなくなりました。

なるべくひとつの引き出しには、一種類の物を入れることも大切です。わが家の引き出しは、包丁のほかに排水口ネット、ラップと、よく使うものは引き出しひとつずつに分けて収納しています。ひと目でわかるわかりやすさが、使うときの快感につながる気がします。

お気に入りの収納グッズを使うのも、戻したくなるしかけです。

私はほうきやはたきを、ロートアイアンのフックを使って、目につきやすいところにかけています。紐は自分で赤い糸を編んで作り、引っかける動作そのものも楽しめるようにしたら、本当に毎回、引っかけるたびに嬉しいのです！

そうなったらしめたもの。「片づけは面倒」から「片づけは楽しい」に変わるのではないでしょうか。

上／右手で持った包丁を左手で拭き、左手で開けた引き出しに右手で戻す。流れるように作業できるから気持ちがいいのです。
下／シンクまわりで使うラップや排水口ネットは、ひとつの引き出しに１種類だけ入れてあります。

ほうきとはたきは、すぐ手に取れるところにかけてあります。昔から使われてきた道具は、手の延長のように身体となじむ気がします。

捨てない

…ないと困るという感覚に従う

50代の暮らしは、「物を持つ」ことへの自信が必要になってくる気がします。もちろん、「捨てる」が基本でいいのだけれど、ただそぎ落とすだけでは、何か虚ろな暮らしが残るだけのような予感がするのです。

いまの世の中では、物に執着するのは好ましくない、使わない物や無駄なものは一切持つべきではない、とまで自分を追い込むこともあるかもしれません。

しかも、年齢の面では、年輩になれば執着を断ってしかるべき、という感覚があることは否めません。若いとまだまだ欲しい物もたくさんあって、物に執着があっても許されるけれど、歳を重ねると後は引き算なのだから、という感覚です。

でも、本当のところ、年齢を重ねるほど、たくさんの思いも重ねてきています。思いは、年齢とともに深くなるのです。ささやかな人の好意であっても、同じことがまたあるとは限らないこともわかってきます。それなのに、物をそぎ落とすことに熱心になりすぎると、自分の思いには価値がないと、自分に信じさせるしかなくなってきます。

そうやってすっきりした空間を実現したとしても、自分らしい温かい暮らしになるでしょうか。

素朴に、その物がつなぎとめてくれている思いがなくなると困ると感じたら、「捨てない」という選択肢もあることを、心に留めておいて欲しいのです。

家事塾には「捨てたいけれど、捨てられない物」を素材にしたワークショップがあります。「捨てたいと思っているんだけど、まだ手元に置いてある物」がなぜ捨てられないのか、みんなで考えてみるワークです。

そのワークが終わった後、次回の講座までに捨てるか捨てないかを決めて、実行してくることを課題として出します。みなさん、「えーっ」と悲鳴をあげますが、次回の報告では「捨てないことに決めました」という人の方が多くなるのです。

「留学したころに溜めた料理ノートが捨てられなかったのだけど、見直してみたら楽しかったし、たまに作るレシピもあるし、選別しようなんて思わないで丸ごと取っておけばいいことがわかりました」と話す女性の笑顔は、素敵でした。

本人も言っていたように、その女性はこの先そのノートを開くことはないかもしれません。たとえそうだとしても、人生の大切なひとときが記録されたノートを捨てずに持ち続けることが、彼女の心の支えとなるはずです。

一度、必要かどうかを突き詰めて考えたことで、ノートの大切さと存在の意味が再認識できた。だからこそ清々しい気持ちで「持ち続けること」を許容できたのだと思います。

お気に入りだったカシミアのコートと、母が作ってくれたワンピース。残念ながら修理できない虫喰いとシミがあってもう着られないのですが、もう少しだけ、手元に置いておこうと思っています。

家事の時短は「ひとつずつ」する

…作業を細かくパーツ化する

「家事にかかる時間を短かくするにはどうしたらいいのですか？」とよく訊かれます。多くの人は、家事に時間がかかるのは手間がかかるからだ、と感じているかもしれませんね。

けれど、作業を「効率化」して「全体でかかる時間」を短くしようと考えても、たいして時短はできません。発想を変えて、作業を「細分化」して「ひとつのことをする時間を短くする」と考えた方が、いつのまにかちゃんと全体の時短もできているものなのです。

たとえば、私にとって洗濯は、大きな「洗濯」というかたまりではありません。一回でする作業だけに切り分けた、パーツの連なりとして捉えています。「洗濯機に洗

ひとつのことに集中すると、1分がとても長いことがわかります。家事のパーツ化は、1分を使いでのある時間にする技術です。

剤を入れてスイッチを押す」「洗濯物を取り出して干す」「乾いた洗濯物を取り込んで置いておく」「取り込んだ洗濯物をたたんで置いておく」「たたんだ洗濯物を家族それぞれに渡す」と、一分から二分でできる五つのパーツに分けているわけです。

そして、最後までたどり着かなくても、ひとつのパーツが済むごとに心のなかで「済」と判子を押す感じです。三つしか済んでいなくても、「まだふたつ残っている」ではなく、「三つめまで済んでいる」と見なします。

掃除も同じです。「家の掃除」などという大きなかたまりで考えたら、負担が大きすぎてやる気も起きなくなります。それに、どのくらい時間がかかるのかも把握しにくいですね。

だから、「キッチンの床を拭く」「リビングにはたきをかける」「階段を拭く」「食卓を拭く」「息子に自分の部屋を掃除するように言う」……という具合に切り分けます。どれかひとつでもやったら「済」がひとつできる。今日は三つだった、明日はひとつでもいい。日曜日はたくさんのパーツを処理した。そんなふうに考えると、ちゃんとできている気がしてきます。

細かく区切ってこなしていくことで、小さな達成感が生まれ、気分的にもはずみがつきます。それが結果的に時短にもつながるように思います。

これは、家事がどんな作業でできているかをよく把握したベテラン主婦だからこそできる時短術、ではないでしょうか。

家事のパーツ化には、もうひとついいところがあります。

家事はきりがないので、家事をしない時間やできない時間にも、「まだ洗濯物をたたんでいない」「寝室の掃除が済んでいない」などと、ややもやと気にかかっているものです。

ですが、小さな「済」をつけていくことで、そのもやもやが少し解消できるようです。それで家事をしていない時間がすっきりと過ごせるし、その分、次に取り組む家事のパーツに集中することもできて、やはり結果的に時短につながってくれます。

私は、家で仕事をしているので、家事をしていない時間イコール仕事をしている時間です。パーツ化は、家事と仕事をすばやく切り替えて、なおかつ集中するためのコツでもあるのです。

40代、50代の手抜きは「知恵」と捉える

…「ていねい」の定義を変えてみる

たくさんの家事を自分の手でやってきたからこそ、省ける手は省けばいいし、大事なところを損なう省き方はしない方がいい、と区別がつくようになってきました。誰かの決めた「ていねいなやり方」にしばられなくなったのです。

それで、最近は、手抜きは「知恵」と捉えています。

よくする手抜きは、だし汁です。いつもはかつおぶしと昆布でだしを取るけれど、お弁当のときはだし醤油を使います。夜も家で食べない息子のために、お弁当を作るのが私にとって大切なこと。手軽に使えるだし汁は大きな助けになります。何よりも、そのだし醤油はおいしいのです。自分の舌で確実においしいと思うから、親子丼や玉子焼きにも使ってしまいます。

野菜を茹でるときには、手抜きして同じお湯を何度も使います。ただ、匂いや味を濁らせないように、インゲン、ブロッコリー、ホウレンソウという順に、アクの少ない野菜から茹でるようにします。

お掃除ロボットは手抜き道具の代表格かもしれません。でも、私にとっては大切な相棒。私が料理している間に足元を掃除してくれるルンバくんのおかげで、家事が楽しくなるのです。

この歳になったからこそのていねいな暮らしとは、要・不要の選別を、経験を駆使してシンプルに洗練させていくこと。そんな暮らしは、必要なだけの手間を、手際よくこなしていく快感とともにある気がします。

右／ファンの多さがうなずける鎌田醤油は、冷蔵庫の常備品です。成城石井の胡麻ドレッシングも、さっとサラダを食べたいときのために買いおきしています。左／私は、手作業でなければ「ていねい」ではない、とは思いません。ルンバくんは、一緒に家事をする家族の一員です。

冷蔵庫は「空っぽ」を理想とする

…元の状態にかえることを目指す

子どもが小さいうちは手づくりのしっかりした食事にこだわっていた私も、最近は、ちょっと気をゆるめています。

子どもたちが大きくなってきて、食卓を家族そろって囲む日が減ってきたからでしょう。朝ごはんでさえ、娘と二人で食べる日が多くなっています。

しかも、最近暮らしはじめた浅草には、安くておいしいお店がいっぱい。たまに家族がそろうと、外食も気軽にするようになりました。

私自身の食事のスタイルも変わりました。夜はほんの軽くしか口に入れません。ワインに、たんぱく質と野菜中心のおかずを少しつまめば、それで幸せ。娘と二人の夕食では、一合のごはんが余るのです。

そんなふうに食生活が変化してきたためでしょうか、冷蔵庫の中身をじょうずに使い切るのが、以前にも増して難しくなってきました。そこで、ライフスタイルの変化に合わせて、わが家の冷蔵庫の中身を見直してみました。

部屋でも机でも、使いやすく片づいた状態を「元の状態」と考えて、いつも「元の状態に戻そう」と思っていると、ほどほどに片づいた状態に保てます。わが家の冷蔵庫の「元の状態」とは、調味料など消費期限の長い食材や、常備が必要で回転のよい食材だけが決められた場所に収まっていて、見た目は「空っぽ」に近い余裕のある状態のことです。

なるべくその状態に戻すように、段取りよく食材を使う。ぎっしりになったらチェックするのではなく、元に戻らなくなってきたらチェックする。そんな程度ですが、その循環に慣れてきたら、「これはいいぞ!」という感じです。

何よりも、冷蔵庫を開けるたびに気持ちいいのが嬉しいことです。スペースにゆとりがあるので掃除も簡単。詰め込まない分、漏れたり汚したりすることも減ったようです。それに、食材を余らせて古くなった物を食べたり、腐らせて捨てたりすることも減りました。いつも鮮度のいい物をおいしく食べられるので、心にも身体にも気持ちがいいのです。

定期的に「元の状態」に戻すためのコツは、次のようなことです。

・その日のメニューの材料だけを買う（ついでや多めには買わない）。
・まとめ買いしない（きゅうりは五本入りではなくバラ売りを買う、というように、その日に使い切れる分だけ買う）。
・週に一、二度は「冷蔵庫にあるもの」を基準に献立を考える。
・古くなった物に気づいたら、その日に使うか捨てる。

母の世代――70代、80代の家庭の冷蔵庫を見ると、例外なく食品がぎっしりです。家族が多かった頃の習慣を変えないできてしまったためでしょう。

自分がその年齢になったとき、きちんと管理された冷蔵庫を使って、ちゃんとした食事をとっていたいと思います。「冷蔵庫空っぽ戦略」は、そんな将来への下準備だとも思うのです。

家族4人で使えて、なるべく小型のものを、と探しあてた300リットルの冷蔵庫。この程度になっているのが「元の状態」です。

個食を楽しむ

…自分といただく豊かな時間

わが家では下の子がまだ小学生ですが、祖父母と大の仲よしなので、週末には泊まりに行ってしまいます。上の子は高校生なので、晩ごはんに帰ってこないことはしょっちゅう。だんだん、自分一人の食事が珍しくなくなってきました。

世間では一人で食べることを「孤食」と言っています。特に子どもに一人で食事をさせる家庭環境が問題になっているので、個食はコミュニケーションのないさびしいこと、いけないことのように思われているかもしれません。

でも私は、一人で食べる食事も決して嫌いではありません。自分とゆっくり向き合う豊かな時間を感じるからです。

いつもは家族のために、自分の好みと違う味つけにしたり、栄養バランスを考えたりしています。そんな「誰かのため」をすべて取り払って、自分のためだけに好きに用意する。それだけで心楽しくなってきます。

お惣菜を買って済ませようというときも、気に入りのお皿によそい、割箸ではなく自分の箸で食べると幸せです。洗うのが面倒かなとは思っても、あえてジャムにはスプーンを沿えると、その場しのぎ感がなくなります。

お漬物やチーズなどの副菜に高価な物を買うと、自分を甘やかしてあげている気分です。休日の遅めの朝食など、ときにはワインを飲んだりして、ちょっと優雅な雰囲気を楽しんだりすることもあります。

いつもは、「食事中にはテレビをつけない！」と子どもを叱っている私ですが、ゆっくりと食事をしながら雑誌をめくったりするのも、一人ごはんの幸せです。

いつの日か、本当に毎日個食になるときが来るかもしれない。その日への覚悟は、すぐには必要ないかもしれないけれど、楽しみ方をいまから模索しはじめておいても損はないような気がしています。

お酒は食事をおいしくするためにある、と信じている私は、昼でもたしなむのに抵抗がありません。これも年齢が許してくれることでしょうか。

気候のいい時期には、庭の椅子でも一人ごはんをいただきます。そのまま窓際に寝そべるのも、一人の楽しみ。

「ふつうのごはん」を楽しむ

…がんばりすぎない家のごはんを大切にする

家での食事について、私がいままで気を使ってきたのは、やはり子どもたちのことでした。家庭の味を伝えること、いろいろな食材を食べさせて味覚の幅を広げること、安全で安心な食材を使うこと。そして、食卓が温かでにぎやかな家族の場であること。そのために、がんばっていたのは否めません。

子どもたちの手が離れつつあるいま、あと数年で何を伝えようか、自分と夫との暮らしが幸せであるにはどうしたらいいかを考えるようになって、食を大切にしなければと思いを新たにしています。ただ、その「大切に」とは、いままでの「がんばるやり方」とはちょっと違うのです。

夫婦で家業を営んでいる私たちが、負担なく食卓を整え向き合えるような、肩が凝らず飽きのこない、ふつうのごはんを食べ続けたいと思っています。

子どもが小さい頃、時間も冷蔵庫の食材も乏しいときに作るごはんを、「ふつうのごはん」と命名しました。「今日はふつうのごはんよ」と言うと、子どもはがっかりするどころか喜んだものです。素朴なお惣菜には、ごちそうとはまた違うおいしさがあるのです。白いごはんに、あり合わせの具のおみおつけ。玉子焼き。海苔。梅干し。佃煮。わかめの炒め物。ナスの煮物。厚揚げの焼いたの。冷ややっこ。冷凍庫に豚肉があれば、ささっと生姜焼き。

ときには、食卓に近所の個人商店のコロッケやいなりずしが加わることもあります。すべて手づくりでなければ、とはこだわりません。昔の人やアジアの人も、屋台や惣菜屋の活用がじょうずなのです。

まじめな人にありがちですが、「なになに」と名前のついた料理を手作りしないとお母さん業をサボっているような気分になるのはやめましょう。

その分、心にできたゆとりを笑顔にかえて、夫婦や家族の心が温かくつながる「ごはんの時間」をゆっくりと味わいませんか。「外食もいいけれど、やっぱりおうちのごはんが一番ほっとするね」と言えば、きっと家族も同意するはずです。

「古い物」は○、「古びた物」は×

…物を古びさせないおつきあいをする

古い家具や古い家は、気持ちが落ち着きますね。アンティークの食器や家具には、新しい物にはないしっとりとしたたたずまいがあります。私は、１９６０年代のイギリスやデンマークのユーズド家具や、古材を使った中国のテーブルを買って、大事に使っています。

その経験から思うのは、古い物のよさとは、その古さにあるわけではないということです。ただ古いだけでは、一緒に暮らしていて幸せな物にはなりません。

古い物のよさを醸しだすのは、何よりも、家具を大切に扱ってきた人の手の温もりでしょう。その温もりはいつのまにか家具にしみこんで、ちょうど、かわいがられている子どもの持つ愛敬のような風情を備えさせます。

そして、人の手が触れることで、その素材につやや弾力が保たれるだけでなく深みが出てきます。いわば歳月の深みです。いま、私が過ごす日々のなかでも、手が触れるたびに物と会話をし、それらに命を加えていっているのだと感じます。

だからこそ、手を触れなくなった物は、あっというまに侘しい姿になってしまいます。そういう物から感じられるのは、「古い」温もりではなく、「古びた」みすぼらしさです。

漆器の表面がかさかさした感じになったり、家具の側面にうっすらと白くカビが浮いていたり。陶磁器なら、表面に膜を張ったようなくすんだ感じになったり。見ればすぐわかるのが、また、残念です。

ただ、それも仕方がないこと。手を触れなくなったのは、もうそれと心が通わなくなったということです。「いいものだから」「高くてもがんばって手に入れたのだから」などと、ただ残しておくだけでは、物は生き生きとした「古さ」を備えていくはずがありません。

そこで私は、家に置いてある家具や食器などが古びて見えたとき、「もしかしたら、もうおつきあいは終わったのかも」といったん考えてみます。

おつきあいが本当に終わったのなら、次に使ってくれる人を探します。「いやいや、待てよ。ちょっと粗末にしていてごめんね」と思えるなら、それからは気にかけるようにして、使ったり手入れをしたりします。

すると、いったん古びてしまった物も、手を触れたら触れただけ命を取り戻していくから不思議ですね。

そうやって、ときにはうっかり古びさせた物を生き返らせつつ、自分のまわりにある物が、いい感じに古くなっていく暮らし方をしたいと思うのです。

足の形に特徴があるテーブルは、中国の古材で作られたもの。手前の花入れは、友人宅の蔵の大掃除を手伝ったときにもらいうけた古い染付です。

無形のものを買う

…お金は幸せのために使う

これから先の暮らしを考えるとき、わくわくしているお金の使い方があります。最近、浅草に移り住んで、人生の先輩たちの何やらのんきで楽しそうな暮らしぶりを見せてもらっていたら、幸せのためにお金を使う、使い方が見えてきました。それは、必要とは関係のないところにお金を使うことです。

たとえば、縁起物を買うこと。

もちろん、年中行事やしきたりは好きだから、これまでもお正月には松飾りや鏡餅を買い、七五三には晴れ着を買って、しつらえのためのお金は出してきました。

ただそれは、行事らしい空間を作り晴れの場らしい装いをして、自分が楽しむ演出のためだったと思います。もっと素朴に、節目のときに新たな気持ちで幸せを祈って、本当はあってもなくてもいい物を買う行動が、おのずと幸せを運んできてくれるものなのだと感じるようになりました。

そして、新しい物に買い替えること。

私は、年末には、家族に新しい下着を用意し、家じゅうのタオルを新品に交換します。それから、白いシャツが好きで仕事の勝負服と考えているのですが、少し古びてきたら着るのをやめ、新しいシャツを買い足します。

新しい物にはパワーがあります。日本人の感覚では、神さまは新しい清らかなものが好きだと感じているようです。大切な節目や仕事のときに、新しい物のパワーに助けてもらうと、元気が湧く気がするのです。

最後に、地元で買うこと。

手土産や日用品を、地元の商店で買うようになりました。お店の人とのつながりを感じられて楽しいし、地元の経済がうまくまわっていくことで、私もこの町で幸せに暮らしていけるからです。

自分の力で人生は乗り切れる、という不遜さが、だんだん薄れてきたためかもしれません。何かに守られ、助けられて生きていることへの素直な感謝を、形にするようなお金の使い方が気持ちいいと感じます。なぜだか少し心持ちが楽になるのも面白いものです。

40代からのイメージチェンジ

…まずは、髪とメイク、姿勢を変える

40代も半ばを過ぎると、自分のファッションがどうも年齢とちぐはぐに感じられて悩む人も多いと思います。そんな人にお勧めしたいのは、まずはメイク、髪型、姿勢を変えてみることです。

私も40代半ばには、ファッション通の友人の指南で、そのときの自分らしいファッションを開拓しようと努力してみました。しかし、人からは似合うと言われても、自分はどうにも落ち着かなかったのです。20代、30代はシックな服が好みだったので、40代できれいな色やかわいいデザインを勧められても、無理をしている自分に自信が持てませんでした。

その努力をしばらく続けた後、テクニックとして正しいのかどうかはわかりませんが、どうしたらいいのかをつかんだ気がします。洋服から変えようとしたから、無理

があったのです。

40代で変わるのは、顔や髪質、姿勢や体型です。「衰え」と捉えられる変化もありますが、加齢にふさわしいやわらかい表情や物腰・外見を手に入れられたというプラスの側面もあります。そのよさが引き立つような髪型やメイク、姿勢をいまの自分にフィットさせる努力から始めると、楽に「自分らしさ」が見えてくるのではないでしょうか。

私は、ロングヘアがかえっておばさんっぽくなってきたので、試しながらどんどん短くして、ショートヘアにたどりつきました。メイクは、専門家のアドバイスを受けて、眉と目元だけから、肌を中心に整える方法に切り替えました。使う順番や部位ごとに細やかに使い分けるだけで、肌が生き生きと整うのは発見でした。

そして、筋トレもちょっとだけ始めています。呼吸法（詳細はP.131～を参照）を取り入れているので、横隔膜と体幹のインナーマッスルが鍛えられていることを感じます。肩凝りと腰痛対策にもなり、長続きしていて驚きです。

そして、新しくなった髪型やメイク、姿勢に合う服を探すことで、それまでのちぐはぐ感を無理なく払拭することができ、自信を持てるようになりました。

アクリルキューブの中に植物が閉じ込められている大好きなオブジェ。たくさんそろえて白い壁を背景に積み重ねています。まるで時間まで閉じ込めらているかのようで見飽きません。

花束をいただいたときは、まずはそのままの取り合わせを楽しみます。そしてだんだんとしおれてくる花を抜きながら、最後の1本になるまで活けかえ続けます。これで2週間は楽しめます。

物を贈る

…大切に思う気持ちを形にする

このところ、さりげなく人に物を贈る習慣を身につけたいと思っています。いままで会った素敵な人のことを思うと、なぜだか、じょうずに物をくださる方が多かった気がします。

誕生日やクリスマス、引っ越しといったイベントのときの贈り物も細やかに気配りしてくれるのですが、それだけではありません。ちょっと訪ねてきたときの手土産など、何気ない機会に渡される物がとても気が利いているのでした。

若いころは心遣いを嬉しく思うくらいでしたが、そういう人たちは、気前がいいとかセンスがいいとかいうだけではないことがわかってきました。

人間関係を心から大切に思っていて、それをちゃんと物という形で伝えようとするまめさがあるのです。そういう心映えが、その人を素敵にしていたのだと感じます。

私も、そうありたいと思って、「わざとらしいかな」などと変に気をまわさずに、差し上げたいときには物を持っていくようにしています。

選ぶのは、やはりおいしいもの。家や事務所を訪ねるなら、地元のおいしいどら焼きや日持ちのする佃煮、近所のベーカリー「ペリカン」のパンなどにしています。数百円から千円程度だから、喜んでくれる顔だけで充分、元が取れてしまいます。

ときどきは、上等な桃やマンゴーなどの水菓子も使うようになりました。なんとなく「大人」の感じがしませんか？　お祝いしたい集まりやオープニングなどなら、虎屋のようかんが王道ですね。名店は数々あるけれど、私は、誰もが喜んでくれるヨックモックやユーハイムなどの懐かしいお店が好きです。

また、ご近所へのお裾分けもせっせとするようになりました。みかんやお芋の五、六本でも、後で「おいしかったわ」と言われるだけで、一歩、近しくなれるのが嬉しいのです。

第二章

住まいを整える

日々の手仕事が、住まいの居心地よさを作る

いままで訪ねた家のなかに、いくつか、心にしっかりと刻みこまれた家があります。まるで実家のように、ときどきふと思い出しては行きたくなる。初めて訪れたのに「帰ってきた」気がする家です。

すてきな家はいろいろあるなかで、何が違うのでしょうか。

それらの家は、デザイン的にはモダンだったり和風だったり、築年数も古民家と呼べるくらい古かったり新しかったり、個性はさまざまです。なのに、共通するものがあるのです。それは、温かく、ゆったりした雰囲気です。

そうした居心地のよさは、住み手だけでなく、その場にいる誰にでも分け隔てなく

与えられるようです。他人の私も懐深く迎え入れ、気取らずふるまえるように落ち着かせてくれる温かさがあるのです。

住み手はそれを、どうやって作ったのでしょう。

どの家にも感じられるのは、家に対して細やかに手仕事がなされていることです。手間をかけたりお金をかけたりするだけでなく、日々、家を整える小さな手仕事がとどこおりなくなされていることを感じます。

クッションをはたき、ドアノブを磨き、窓を開けて風を入れ、位置がずれてしまった写真立てを置き直し……。それらはどれも、住み手が家の隅々まで目を行き届かせているからこそ「いま、しなければ」と気がつく類の細かな作業です。

ひとつひとつはささやかでも、積み重なって隅々にまで手をかけていることになり、その分、たくさんの愛情もかけていることになるのでしょう。

家を単なる箱にしておかず、居心地のいい暮らしの器にするのは、隅々まで行き届く敏感で愛情深いまなざしと、よく動く人の手なのですね。

茅ヶ崎の家。築40年ほどですが、リフォームを繰り返しているので新しい部分もあります。来た人が「落ち着く」と時間を忘れてくれるのが、何より嬉しいのです。

手を入れ続けるのが暮らしじょうず

…「いまの暮らし」を基準にちょこちょこリフォームを

リフォームというと、古くなったキッチンなどの設備を新しくしたり、子どもの成長に合わせて部屋を増築したり、といったイメージがありますね。

そういう大きなリフォームも必要だけれど、私が好きなのは、日々の家事や過ごし方を楽にするささやかなリフォームです。

緊急のことではない不具合や使いにくさも、我慢している心と体のストレスは大きな損失です。たとえば、「台所のドアが引き戸だったら、食器を運ぶのが楽なのに」と思ったら取り換えたり、トイレの棚が高すぎて使いにくいなら、低い位置に作り直したり。「いまの暮らしやすさ」を基準にして、ちょこちょこ気になる所に手を入れ続けていくのです。

わが家では洗濯物の室内干しが習慣になっていたので、子ども部屋に接する日当りのいい広縁に、物干スペースをしつらえました。すると洗濯物をリビングの鴨居に引っかけておくこともなくなり、日なたぼっこするのが幸せな空間まで手に入ってしまいました。

また、キッチンにある奥行きの深い物入れは、扉を外して浅い棚板を巡らせ、オープンなパントリーに変えました。これで、ひと目で在庫がわかるようになり、苦手だった食材ストックの管理が、嘘のように楽になりました。

毎日のことだからこそ、小さなリフォームは費用対効果が抜群で、びっくりするほど暮らしやすくなるものです。特に、40代、50代は家族の変化も大きく、暮らし方が変わる節目ですから、ちょこちょこリフォームの好機と言えます。私はいまから、子どもが独立した後の小さなリフォームを考えるのが楽しみです。

床は目に入る面積が広いので、タイルに貼り替えるだけで部屋全体がリフレッシュします。この床は国産タイルですが、組み合わせ方によってモロッコのような雰囲気になりました。

目黒のインテリアショップkarfに、食器棚と同じデザインで作ってもらったドア。ドアノブは、憧れていた堀商店の真鍮製です。ときどき「ピカール」という金属磨き用のペーストを使って手入れします。

狭いからこそ美しい家になる

…目と手が行き届くことのよさを見つめる

家は広い方がいいと、なんとなく思っている人は多いのではないでしょうか。私も、狭苦しいよりはゆったりと広い方がいいと思います。小さな家は、その分収納場所が少ないから、片づけに頭を使うのも確かです。けれど、いままで住んできた家を思い浮かべると、ほどほどに狭い家のほうが、目が行き届いてうまく整えられたように思うのです。

もしあなたが、暮らしがいまひとつ整わないのは狭さのせいだと感じていても、家を広げるのはなかなか難しい。そこで、発想を逆転してみませんか。「家は、ちょうどいい狭さがいい」。そういう目で家を見直してみるのです。

私が初めて結婚生活を送ったのは、大正時代に建てられた小さな家でした。六畳と八畳の居室、広縁に二畳の台所、トイレとお風呂。たったそれだけ。ひと目で家全体が見渡せて、玄関に誰かが来たら気配ですぐわかるほどでした。でも狭かったからこそ、P.75にも書いたような細やかな目配りができていたような気がします。常に家全体を感覚的に把握しておくことができるという安心感も、私がその家が大好きだった理由のひとつだと思います。

浅草の家では、洗面脱衣室が半畳しかなかったので、思い切って洗面台を取り除きました。移設した先は、リビングです。半畳の部屋は脱衣専用ならなんとか使えますし、リビングの洗面台は、意外にも「気軽に使えるのがいい」とお客さまの好評を博したのでした。

茅ヶ崎の家では、庭が見える小さな広縁に、アイロンかけやちょっとした手仕事のための家具を作ってもらったことがあります。ささやかですが、家のアクセントとなる自慢の場所のひとつになりました。

どちらの場合も、狭さゆえの必要に迫られたからこそ、考え抜く楽しみや使いこなす喜びが生まれたのですね。

また、狭い家では、どうしても個室の広さが限られるから、共有空間さえ居心地よくしつらえれば、家族はそこにできるだけ長くいたいと思うようになります。そうなれば、個室は本当に寝るためだけで充分なのです。ばらばらになりがちの家族を、空間がつなぎとめてくれる。それは、狭い家の大きなメリットと言えるのではないでしょうか。

それを体験できたのは、初めて子育てをした小さな家です。

一階が六畳のダイニングキッチンと八畳の和室、二階に夫婦それぞれの仕事部屋と寝室。家族が集まるのは八畳間で、だから生活に必要ないろいろな物も集まってきましたが、使いやすく見栄えのよい配置をとことん考え抜くことは、私にとって楽しみのひとつでした。

子どもが小さかったこともありますが、いつもこの部屋でごろごろしたり、本を読んだり、子どもを寝かしつけたり。そこにはお客さまが違和感なく加われるような気安さもあり、とても気に入っていました。

狭さを嘆くより、「そこをどう使いこなすか」に知恵を絞ることを、ゲームのように楽しみませんか？　そして、狭いからこそできる、目と手をかけた「私らしい」しつらえを探してみてください。

3畳にも足りない広縁ですが、日なたぼっこしながらアイロンかけやボタンつけをしていると落ち着きます。引き出しのひとつが裁縫道具入れになっています。

足りないところを楽しみにする

…家を完成させてしまわない

家を買うときに、すべての望みをかなえるお金がある人は少ないでしょう。「もっとこうしたかった」と、心残りがあると後を引きますね。場所と値段のメリットから中古住宅を選んだ人のなかには、あちこち使いにくかったりすぐ壊れたりして、「やっぱり手がかかるなあ」とがっかりしている人もいるかもしれません。

でも、し残したことのない完璧な家なら本当に住み心地がいいのか、と考えると、ちょっと違う気がしませんか。

有名な『方丈記』のなかにこんな一節があるのを知って、ああこれだ！と納得したことがあります。

「すべて、何も皆、事のとゝのほりたるは、あしき事なり。し残したるをさて打ち置

きたるは、面白く、生き延ぶるわざなり」（第八十二段）

どんなことでも、完璧に整えすぎるのはつまらないよね。ちょっと足りないところがあるくらいの方が、面白いよね。――確かに！

日光東照宮の「逆柱」の逸話も興味深いものです。完璧さは災いを呼ぶので、わざと一本だけ柱を逆さに立てて造られたというのです。

なるほど、完璧さとは何か人を落ち着かなくさせるのでしょう。人生は、完璧にはほど遠いもの。家だけが完璧になってもらっては、かえって窮屈かもしれません。

暮らすには、ちょっとくらい隙があったほうが居心地がいい。そして、家の足りないところを「だめなところ」と捉えずに、「これからよくなっていくところ」と捉えます。

「そのうち、ここをこうリフォームしよう。そのためにお金を貯めよう」と楽しみにできるくらいには「し残した」ところのある方が、家と仲よくおつきあいしていく喜びが長続きします。

ＤＩＹが満足できる家をつくる

…手の跡が愛着をもたらす

もし、あなたがクラフトや手芸などの手仕事が好きなら、きっとＤＩＹにも向いています。小さな面積の床やテーブルにきれいな色のタイルを貼る。ドアノブをアンティークの物に付け替える。小さな空間の壁をペンキで塗ったり、すてきな柄の壁紙に貼り替えたりする。どれもクラフトよりは本格的だけど、職人仕事よりはずっと手軽です。自分の家なのだから、多少のずれや失敗はご愛敬。むしろ自分の手の跡を感じられて、その場所への愛着が増すのではないでしょうか。

ここはＤＩＹでやってよかったな、と感じている場所を挙げてみましょう。

まずは、トイレのドア。メラミン樹脂製で古びて見えたので、前から試してみたかった柄の壁紙を貼ってみたのでした。ドア一枚なら壁紙も少しで済むので、ちょっと高価な輸入物を奮発。一人でも扱いやすく、あっという間に仕上がりました。白い珪藻土塗りの内壁と引き立てあって、使うたびに「やってよかった」と満足感に浸っています。

一畳半ほどの洗面所は、壁を二色のペンキで塗り分けてみました。プロには頼みにくいこんな面倒なことも、自分なら好きにできます。このときは、壁紙をはがした後にガーデン用のペンキを塗って防水対策としましたが、壁紙の上から塗れるペンキを利用すればもっと手軽です。

椅子の座面の張り替えは、元の座面の上から貼り重ねるお手軽方式がお勧めで、一脚十分もかからず仕上がります。タッカーという専用の道具で、バン！バン！と布を打ちつけていくのは快感でした。

短期間、マンションに住んだこともあったのですが、そのときは1㎡ほどの玄関のたたきに、織部焼風のタイルを貼りました。まずは並べてみてじっくり柄を確かめられるのも、傷つきやすいからプロはお勧めしない素材をあえて使えるのも、ＤＩＹのいいところです。タイルが市松模様に貼り上がったとたん、玄関全体のイメージが驚くほど刷新されて大満足でした。

タイルを壁面に貼るには慣れが必要です。初めは、ただ置いていくだけでいい床面などからやってみてください。効果を実感できたら、きっとさらなるチャレンジ精神が湧いてきます。

ところで、ＤＩＹでは、道具のよしあしが仕上がりを大きく左右します。素人用の「壁紙貼り用品　セットで〇〇円」といったものは、お勧めしません。プロ用とまではいかなくても、「壁紙用の糊刷毛」などと用途がしっかり示してあるバラ売りの物がお勧め。たとえば糊の含みがよくてきれいにつくなど、仕事がしやすくて楽なのです。それに、本格的な道具って、なぜか使うと得意な気持ちになります。

私の一番のお気に入りは、インパクトドライバー。一度に全部買いそろえず、必要な物をその都度買っていけば、経済的負担もそれほど大きく感じません。少しずつ道具がそろって充実していく工具箱は、積み重ねた経験をたたえる勲章のようで、誇らしかったりもします。

そうそう、プロに任せるべきところについても触れておきましょう。

壁に穴をあけたり柱を切ったりなど家の構造に関わるところと、水回り。自分でやりたい場合でも、いったんプロに相談する方が安心です。

右上に置いてあるのは
壁紙用の糊刷毛と地ベ
ラ。刷毛は傷まないよ
うに別の箱を用意する
ことをお勧めします。
釘など小さな金具が増
えてきたら、専用の分
類箱も増やしましょう。

家に自分の居場所を作る

…「私の椅子」を買う

家に「私の椅子」があるのはいいものです。

母方の祖父母の部屋に、いつも祖父が座っている椅子がありました。祖父が家にいないときも、誰もその椅子には座りません。主が不在のときの方が、祖父の存在を感じられる椅子だったのです。それを見ていたからでしょうか、私もいつかは自分の居場所となる椅子を持ちたいと思うようになっていました。


私の椅子は、ウィンザーチェア風のロッキングチェア。プロダクトデザイナー渡辺力さんの「リキ ロッカー」です。座面があぐらをかけるくらいに広くて、背もたれが大きく、たっぷりとしています。

30代になったころ、雑誌で目に留まり、ショールームまで見に行きました。その当時の家には置けないサイズだったので、「いつかこの椅子と共に暮らそう」と心に決めて帰ってきたものです。

晴れてその椅子が私の家にやってきた日、窓辺の居心地のよい場所に置いたときの喜びや、そっと腰を下ろしたときの充実した心持ちは、いまも鮮明によみがえります。自分の家と暮らしへの責任を果たす大人になれた気がしたのでした。

いま、一日の仕事を終えた夜、やれやれとその椅子に腰を下ろすと、自分を取り戻せる感じがします。じっくりと本を読んだりワインを飲んだりして一人を楽しみたいとき、そばにテーブルを寄せ、ひざ掛けにくるまってその椅子に身体を預けると、「この時間は私のもの！」というゆったりとした気分になるのです。

食卓の椅子を「私の居場所」にしている人も多いと思いますが、食卓はワークスペースになりがちです。そこで、リビングルームの片隅にスペースを確保して、座り心地のいい椅子を置いてみてはいかがでしょうか。

急いで探さなくてもいいのです。これぞ私の椅子、と思える椅子に出合うには、親友に出会うのと同じくらい時間がかかってもおかしくありません。

「これは」という椅子があっても、その場で決めないで、何度かお店に通いましょう。

私はロッキングチェアを買うまでに、「会いにいく」気分で三、四回は通いました。すると、椅子が私を待っていてくれる感じがして、ご縁を確かめられた気がします。座ってみて仲よしになれるかなと身体の感覚を確かめたり、うちのリビングに置いて大丈夫かなとシミュレーションしたりするのが愉しかったら、たぶんとても相性がいい椅子なのだと思います。

出合いが確信できたら、多少ほかのことは我慢してでも買うことをお勧めします。その椅子とは、もしかしたら家以上に長く、一生のおつきあいになるのかもしれないのだから。

日なたぼっこにも、DVD観賞にも、私のこの椅子が特等席です。自分が気兼ねなく座れるように、椅子にこだわりのない夫にも居場所を作ることが、目下の課題です。

明かりで家の時間を楽しむ

…照明器具はいくつも置く

複数の照明を使う「一室多灯」にすると、部屋のセンスがぐっとよくなります。でもいざ実践となると、何から手を付けたらいいかわからない、という人は多いのではないでしょうか。

若い頃、間接照明に憧れて、おしゃれな照明器具をとりあえず部屋の隅に置いてみたことがあります。しかし、とってつけた観がぬぐえなかったばかりか、部屋が暗くなりすぎて、本を読むにもテレビを見るにも過ごしにくい部屋になってしまいました。家族にも不評で、しかたなく天井灯をつけることもしばしばでした。

その経験から得たのは、演出に気をとられて、機能を忘れると失敗しがちだということ。まずはその部屋で「何をしたいのか」を基準に考えることがうまくいくコツなのだと思います。

ダイニングでは、「食べる」ことを基準に、目にまぶしくなく手元の料理がおいしく食べられる明かりを食卓の上につけましょう。白熱灯の光がもっとも料理をおいしそうに見せると言われているので、蛍光灯は使わず、ＬＥＤでも電球色のものを選びます。照明器具は、食卓に光を集めるペンダントライトや、スポットライトが効果的です。

また、食卓で、たとえばパソコンを使うなら、専用の手元灯を用意します。ソファで本を読むなら、傍らに小さなテーブルを用意し、読書灯を備えます。部屋を暗くしてテレビを見ると目が疲れるので、テレビのそばには壁や床を照らす照明器具があるといいでしょう。

写真立てを飾る棚には、写真を眺めるためにやわらかい光の照明器具を置いてみます。壁の絵には、スポットライトが当たるようにしてみます。

こんなふうに、することに合わせて照明を置き、最後に天井灯を消して確かめます。暗くて気になる隅があったら、そこにも小さな明かりを置いてみましょう。これでできあがりです！

わが家のリビングダイニングはそんなふうに整えましたが、照明器具は、天井灯も含めて十個にのぼりました。数が多いですが、それぞれに役割があるから、無理なく使い分けられています。

こうやって、機能をちゃんと果たすように配置された照明は、だからこそ、部屋にいろいろな表情を与えてくれます。

わが家では、家族で食事をするときは、食卓の照明だけではなくリビングの明るい天井灯もつけ、部屋全体をにぎやかにします。

同じ食卓でも、夜、夫婦で話しながらお茶やワインを飲むときは、リビングの天井灯は消し、窓辺の明かりと壁のブラケットだけに切り替えます。まるで部屋が生まれ変わったように、時間がゆったり流れるおだやかな雰囲気になり、気分も変わります。

私は、火が大好きなので、ろうそくやアルコールランプを灯すこともあります。温かみを感じる炎のゆらめきに照らされた部屋では、何もしないでぼんやりすることに心から満たされるようです。

明かりに心を配った部屋がすてきなのは、その部屋の主人が、そこで過ごす時間を大切にしていることが伝わるからなのかもしれませんね。

スノーボールの後ろに照明を置いて、透明感を楽しむしつらえにしました。ろうそくは意外に眩しいので、ほかの照明器具と組み合わせて使うと、落ち着いた雰囲気になります。

食器棚の使いやすさを徹底的に考える

…暮らし方を見直すための第一歩

たいていのお宅では、食器棚の使い方を、長年変えていないのではないでしょうか。どこに何を入れるかは最初に決めたまま、食器は少しずつ増えていき、使わないものはだんだん奥に移動し……。

「もう少しすっきりさせたいな」とちらりと思ってはいても、なかなか変えるきっかけがなかったのかもしれません。私も結婚以来二十年以上、同じ食器棚を同じように使い続けてきました。

ところが、数年前にキッチンのリフォームをするのをきっかけに、食器棚をまるごと見直してみたら、これはとても大切なことだと気がつきました。

食事は、家族に合わせて変わるもの。作る料理も誰がいつ食べるかも、数年単位で変わるに従い、食器も変化していたのに、二十年前のルールのままで無理をしていた

食器棚を整理したら、「この料理にはあの食器」とぱっと思い浮かび、さっと取り出せるようになって、食事をよりおいしくいただけるようになりました。

のでした。

まるごと見直すといっても、本格的な計画が必要なわけではありません。私がやったのは、とても単純な作業です。

まず、これから使う物をのこし、使わない物は捨てる作業。申し訳ないけれど、二十年前に親戚の結婚式の引き出物でもらった小皿は、好みに合わなかったので処分しました。洗ってもくすみが取れず使わなくなっていた物も捨てました。これからは、質がよく好きな物、思い出があって懐かしい物だけを使いたいと思ったのです。

それから、ありすぎる物はいま使う量に減らし、足りない物は買い足す作業。五枚揃いの小皿は、いつも使う三組をのこし、後は欲しいという人に譲りました。そして、40代後半からワインが好きになったので、欲しかったリーデル社のワイングラスを六脚買い足しました。

最後に、よく使う物は出しやすい場所に入れ、使いにくい場所にはあまり使わない物を入れるか空けたままにしておく作業。要は、徹底的な配置の見直しです。

これが一番、やってよかったことでした。いまの暮らしに合った、使いたい食器をさっと取り出せるというだけで、大助かりです。食卓の演出が楽しくなり、ふだんの食事が充実したものになりました。これからどういう食卓を作っていきたいかの確認にもなり、これは大きな収穫でした。

配置の見直しで、やってよかった収納法を一部ご紹介します。

・二種類以上の食器を重ねないようにする。
・大皿は空間をもったいないと思わずに、一枚ずつ置く。
・奥の列を作らず一列に並べて、一目で見えるようにする。
・奥の列を作る場合は、手前と同じ種類の物を置くか、めったに使わないけれど必ず使う機会がある物を置く。

ところで、台所をじょうずに自分らしく整えられる人は、家全体もじょうずに整えられることを、多くの家で見てきました。だから、家全体を見直して暮らし方を整え直したいとき、まず台所から始めるのがいいと思います。その中でも手を付けやすく、成果が見えやすい食器棚は、スタート地点としてぴったりです。

植物は暮らしを豊かにする

…じょうずにほうっておく

小さな鉢植えひとつで気持ちが癒されるのだから、植物の力は大きいですね。部屋に植物があることで、空気が清潔になるような気がします。家族やペットと同じで、気にかける存在があるというのは、ときには面倒だけれど、気持ちの張りももたらしてくれます。

私がこの五、六年、ずっと好きで育てているのは多肉植物です。変化がないようでいて、気温や水の量でいろいろな姿を見せてくれるので、かわいいのです。花が咲いたりすると、嬉しくなって「よしよし」となでたりして。週に一回程度の水やりだけで健やかでいてくれるのだから、ありがたいものです。

ときどき、「植物を置きたくても、すぐ枯らしてしまう」という悩みを聞きます。私も、一人暮らしを始めたころは、ベンジャミンやパキラのような熱帯の観葉植物に手を出しては失敗していました。

園芸家に聞くと、水のやりすぎで根腐れしているケースがよくあるそうですが、いろいろ育ててきて、私が気をつけているのは「かまいすぎない」ことです。

土が乾いたら水をやる。ときどき、外に出して日に当てたり、ほこりを洗いながしたりしてやる。たまに、切り戻して形を整えてやる。そんな程度に適度にかまい、適度にほうっておくと、植物は元気よく育ってくれます。

どうしても育たない種類は持たない、というのも植物とうまくつきあう知恵です。いろいろ試してみて、自分のライフスタイルや癖になじんでくれる植物を見つけられたら、ケアがずっと楽にできるようになります。

同じ家のなかで同じ植物でも、よく育つ場所と育ちにくい場所があります。植物が好きな所を探すと、「ここは乾燥する」「ここは寒い」など、家の個性もわかってくるようです。

守田蔵さん作の黒信楽掛花入れ。玄関を入ってすぐのコーナーにかけ、庭の小さな花でおもてなしの空間を作ります。

花で暮らしを彩る

…小さくても大きな存在感

バラやユリのような大輪の花も大好きですが、日々の暮らしを彩るのは、季節ごとの小さな一輪の花ではないでしょうか。

部屋の片隅に飾っておくと、そこに小さな明かりがともったよう。それは、小さくても部屋全体を照らす灯火です。立派な飾り棚がなくても大丈夫です。下駄箱の上や洗面台、食卓の上、窓辺など、生活しながら目に触れるささやかな場所があれば、花は飾れます。

トルコキキョウやアネモネなどをフラワーショップで買い求めてもいいし、ちょっとした草むらに咲く野草にも趣があります。ネジバナ、タンポポ、ワレモコウ、ススキ……。道端の草を摘んで帰るのも、心愉しいものです。

自宅では、宿根草を育てて切り花として利用しています。鉢植えでも育つし、ごく狭い地面でも大丈夫。つる性の植物なら生育が早くて管理も楽です。クレマチスなどは、掛花入れに活けるだけで格好よく形が決まり、そこがお茶室のような凛とした空間になるから重宝します。一輪の花を活けるコツは、葉のバランスをとることです。多すぎず、少なすぎずのバランスを、活けながら確かめてみてください。

花のある暮らしは、いろいろなタイプの花入れがあると広がります。私は知り合いの作家の個展などで、好きな物を見つけては少しずつ買い集めています。陶器や磁器、ガラスなど、材質のバリエーションと、大きさ・高さ・口の広がり具合など形のバリエーションがある程度そろっているといいですね。花とのバランスを考えながら花器を選ぶ段階から楽しめます。壁にかける「掛花入れ」にはなじみがないかもしれませんが、置き場所を探さなくてもいいので、小さな空間の演出に最適です（P.107の口絵参照）。

派手に演出したいときには、大振りで口の広い物を選んで大胆に投げ込んでみたり。サイドボードには背の高い花器も合いますが、食卓には食事や会話をじゃましない、背の低い物が似合います。使い勝手がいいのは小ぶりな花入れで、どこにでも置けて、花一輪、葉っぱ一挿しを気負わず活けられるのがいいところです。

香りの効用を取り入れる

…家に個性と懐かしさが備わる

香水のように身につける香りは、大人ならではの愉しみだと思いますが、そこから一歩進んで、家に香りを取り入れてみてはいかがでしょうか。

私は日本のお香が好きで、滋賀の「みのり苑」の伽羅と沈香の線香を使っています。特にいつ焚くとは決めず、ゆったりしたいときには伽羅を、きりっとしたいときには沈香をと、好みで使い分けています。思いついたときに焚くだけですが、繰り返し焚くことで家にしっとりと香りが染みこんでくれるようです。もちろん、生活臭を消す効果も大いに活用できます。

短い時間に香りでリフレッシュしたりリラックスしたいときは、アロマオイルも使います。長くは香りが残らないので、気分転換にちょうどいいのです。部屋に焚くなら、フランキンセン、ユーカリ、イランイランが好きです。

きっと、わが家の香りは、お香やアロマオイルの好きな香りがブレンドされた独特の香りになっているのでしょう。

香りには、懐かしい記憶を呼び覚ます力があるといいます。

家の玄関を開け、自分の家の香りを感じると「ああ、帰ってきた」とほっとします。

訪ねて来る人も、「辰巳さんの家の香りね」と親しく感じてくれているようです。

香炉は、作家物をギャラリーで見たりするのも楽しみです。高岡の馬場忠寛さん作のふくろうの香炉が気に入っています。

作り手とつながる住まい方

…「○○さんの作った物」を買ってみる

食器や家具を集めているうちに、いつのまにか作家物や職人から直接買った物が好きになっていました。

最初は、お店で惹かれて買っただけで、量産品とは違う質の高さや個性がいいところだと思っていました。ところが、30代のころ、地元の陶器店に親しく通うようになり、そこで行われる個展スタイルの販売会で作り手と話しながら買うようになりました。そして、作り手がわかる物を買うことの楽しみが広がったのでした。

物から作り手とのつながりを感じるようになると、使うたびにその人の顔が浮かびます。そんなことが、日々の暮らしをふんわりと温かくしてくれるのです。

そして、器を手にするたびに、どのように物を扱ったらいいのか、作り手たちの言葉がよみがえってきます。

「ガラスは割れる素材だから美しいんですよ」「漆器は使えば使うほど堅牢になります」「土が粗いのでいったん水に浸してから使ってくださいね」

すると、作り手に対して恥ずかしい扱い方はしたくないと思い、自然にていねいに扱うようになりました。


また、作り手とつながっていることで、物と長くつきあえるようになりました。壊れたとき、直してもらう先ができたからです。

湘南の作家、伏見眞樹さんが作っている竹製漆塗りのスプーンが大好きで、少しずつそろえているのですが、使い込んでふちが剥げると塗り直してもらいます。落として踏んでひびが入り、ていねいに修理されて戻ってきたときには、新品以上の仕上がりに小躍りしました。

愛用のご飯茶碗を割ってしまったときには、作り手の中島克童さんから「金継ぎしてみよう」と言われ、「そんなことまでしてくれるの!」と感激しました。

昔の暮らしでは、箍屋《たがや》や継屋《つぎや》など、修理を専門にする職人がたくさんいたといいます。いまは「新しく買った方が安い」と言われてしまうけれど、作った人の手間を知っているから、お金をかけてでも直して使うことが気持ちいいと思えます。

その後、家具についても、家具店でオーダーする敷居が低くなり、「コラボレ」というお店で子ども椅子を作ってもらいました。大人用の椅子を縮小したデザインを職人さんも面白がってくれ、愛らしい椅子に仕上がりました（P.121口絵参照）。いまでも工房を訪ねると、子どもたちを見て「大きくなったねえ」などと親戚のように喜んでくれるのも、嬉しいことです。


心惹かれて買い求めた道具には、道具としての完成度にとどまらず、「この道具が、買ってくれた人の暮らしをもっと豊かにしますように」という、作り手共通の願いが込められている気がします。その願いは、しっかりと使う人の手元に届くのでしょう。そうやって作り手とつながることで、暮らしは、たくさんの人に見守られているような温もりを備えるのだと思います。

いいなと思える作家物に出合ったら、「ちょっとぜいたくすぎるかな」と思っても、試しにひとつ買ってみてはいかがでしょうか。

伏見眞樹さんのスプーン。右のふたつは、娘が生まれたときに注文したベビースプーンとフォークのセット。漆は口当たりがやわらかくて、毎日、スープやどんぶりものなどに大活躍です。

受け取る人との豊かな関係を築く

…誰にのこすかを頭の片隅に入れて暮らす

一章では、いくつかの項目で「捨てる」話を書きましたが、すべてわかったうえで「でも、捨てられない。捨てたくない」と感じている物があるとしたら、「誰かにのこす」という視点を取り入れてみるといいのではないでしょうか。

誰かにのこすために自分の元からは手放す、と考える。すると、軽やかに執着を「捨てる」ことができます。

そして、のこした先には、豊かな思い出を手渡すことになります。

このことに心から納得したのは、母とのやりとりからでした。

洋裁好きだった母は、高齢でもうできないのに、「いつか縫うから」と布をたくさんとってあるのです。私はその中からツイードの布類をもらうことにしました。

手持ちの椅子の張り替え（P.120口絵参照）に使うつもりだったのですが、母は「捨てるんじゃないでしょうね？」「本当にあなたが使うの」と何度も念押ししたうえで、やっと手放してくれました。

大切な布だからごみに出すのもしのびない、知らない人が粗末に扱うかもしれないからバザーにも出せないと、手放せなかった母。娘である私に「のこす」ことで、ようやく布への執着心を捨てられたのですね。

私にとっても、母と「高校生の頃にジャケットを縫ってくれた布ね」とか、「あの頃は、あなたの服を全部縫っていたのよね」などと話をしながら、押入れをひっくり返した時間が、とても大切でした。それがあって、その一枚の布を確かに母から受け渡された、という思いを持てるのです。

家や家具什器を先代から受け継ぐのが当たり前だった世代とは違い、私たちの世代は自分で買って手に入れる生活をしてきました。私の住んでいる家も、使っている物も、身につけている衣類も、全部自分で選び買ってきた物ばかりです。

だから、どこかで「自分の物は自分の物」「自分の思い出は自分だけのもの」という感覚があるような気がします。

でも、本来は誰かから受け継ぎ、誰かに渡していくもの。家や物の移ろいの、ある一時を自分が担っているのだ。そう考えてみると、私は気が楽になりました。

頭の片隅に「誰に、いつのこすか」を置きながら暮らすと、家や物に対する見方が潔くなります。誰にものこせないような物は、じょうずに使い切ったり、そもそも買わなかったりできるようになります。

そして、誰かにのこせると思う物は、もっと大切に扱えるようになるのです。

息子には内緒ですが、私は、日用の道具は娘が受け継いでくれることを期待している気がします。愛情に違いがあるわけではないけれど、女同士だからこそ道具を通してのこせるものがあると感じるのです。

もちろん、手渡し・受け継ぐのは身内だけではありませんね。

私はずっと中古住宅を住み継いできたけれど、前に住んでいた人から家を大事にする気持ちも受け継いで、つながっていたと感じます。

またいつか、他人に手渡す日が来るかもしれません。まだ見ぬその人のためにいまこの家を大切に手入れして暮らすのも、すてきなことだと思います。

湯呑茶碗や茶卓を選ぶのがじょうずだった母から譲ってもらった塗りの茶卓。お重は、塗師の山本英明さん作で、娘にのこしたい道具の筆頭格です。

母からもらったツイードの布は、イームズのシェルチェアのカバーに変身しました。いまふうにリユースと言ってもいいけれど、私は「繰りまわし」と言う方が好きです。

大人用のダイニングチェア
を、小さなサイズで作って
もらった子ども椅子。この
低さは、意外に大人もくつ
ろげるのが発見でした。

「物がないことがいいこと」と思いこまない

…好きな物は飾って楽しむ

私の家に来た人に、「意外に物が多いんですね」と驚かれることがあります。

確かに、ピアノの上にはキャンドルや本が並び、チェストの上には家族の写真や照明器具が並び、ＣＤの棚にはコレクションのフィギュアが並んでいます。壁にも長押にも、何かしら小物が飾ってあります。

私は、こまごまとした物が好きで、しかもコレクターなのです。

きれいな物を目にしながら暮らしたい。かわいい物があると幸せ。そんな素直な気持ちで家のなかにたくさん好きな物を置くと、家をもっと好きになれる。それでいいと思っています。

ただ、家がごちゃごちゃになりすぎないように、こんな工夫をしています。

まずは、「飾る場所」を限定してしまいます。わが家の場合はリビングルームのチェストの上。家族の写真やコレクションしているスノードームなど、所狭しと並べてあって、幸せな気持ちになる場所です。

背の低い食器棚の上には、チョコレートやアメを入れたガラス瓶、アルコールランプ、アクリルキューブなど、大好きな透明感のある物ばかりたくさん並び、目が行くたびに「いいなあ」と思います。

一か所でも、思い切り好きな物が置いてある場所があるだけで、飾りたい欲がかなり満たされるようです。

その上で部屋全体を眺めてみると、物を飾っても大丈夫な場所がまだあるかもしれません。ピアノの上や窓辺、本棚の隅など、空いている小さな場所です。そこには、慎重に吟味しながら置いてみます。なるべく一種類、場合によっては取り合わせで二種類までにとどめて。ちょっとテイストが違う物でも、合わせてみて独自の世界観が生まれていたら大成功！

そうやって、場所ごとにていねいに物を選んで置いていくと、いつのまにか部屋全体が好ましい空間になっているのです。

他人からたくさんありすぎると言われようが、デザインテイストがばらばらだろうが、「私の好きな物」という統一感があれば充分です。好きな物は好き、と胸を張りましょう。

飾りたいけれど、掃除が大変だから……、と言う人がいます。

そういう悩みをうかがうと、私は内心ほくそえんでしまいます。なぜなら、私の大好きなはたきの出番だから！

一章で説明したように、はたきがあれば、写真立ての並んでいる棚も入り組んだ形の照明器具も、三日に一回ぱたぱたするだけでほこり知らず。いちいち手で移動させながら拭かなくても、空気が動いてほこりをかきだしてくれるのです。これで怖いものはなし。存分に置いて楽しみましょう。

ピアノの上には、「イッタラ」のカラフルなキャンドルホルダーをぎっしりと並べて。掃除は、いちいち移動させずにはたきでぱたぱたするだけ。これでほこり知らずです。

第三章

心と身体を整える

カラダを慈しむと自分を好きになれる

30代後半から40代初めの写真を見ると、なんだかいまよりも老けて見えます。

思い返すと、忙しい忙しい！の生活のなかで、仕事や家族に対しては、熱意や愛情を持って精いっぱい接してきたつもりですが、肝心の自分自身に対しては愛情をかけてあげていなかったなあと思います。

それに、当時の私は自分の外見を好きではありませんでした。鏡に映った顔は育児や仕事に疲れていて、我ながら険しい表情で、もっと磨こうと思えるほどには前向きになれませんでした。ちょうど夫婦関係もよくない状態でした。まあ、この程度でいいか、と、要はほったらかしてきたのですね。

40代半ばになった頃、「人前に出る仕事なんだから、いまのままじゃだめだよ」と立て続けに人から注意されました。それで、年齢にふさわしい化粧の仕方を教えてもらったり、ダイエットを兼ねて筋肉をつけるエクササイズを始めたりしました。

自分の身体にちゃんと向き合うと、顔が美人になるわけでも身体が大きく変わるわけでもないけれど、何かが確実に変わったと感じます。自分を慈しむことを覚えた感じです。そこから、自分の心のありようを慈しむこともできるようになっていった気がします。

「自分を大切に」と言うのは簡単ですが、私にとって、その入り口は自分の身体に向き合うことだったのでした。

50代になろうとしているいま、自分が好きになってきています。好きになったのは、漠然とした「私」ではありません。

鏡を見たときの自分の表情、腕についた筋肉の手触り、近所の人と朗らかに話せるようになった張りのある声。確実にこの二十年の日々が作り上げてきたものだと思える、それらひとつひとつが、好きだと思えるのです。

初めて筋肉と出合う

…少し鍛えて女らしい身体にする

この年齢で起きる身体の変化は、四十肩、五十肩や、更年期などの不調ばかりです。でも、そういうがっかり方向の変化だけではなく、嬉しい方向への変化も、自分自身に見出してあげませんか。

たとえば私は、若い頃よりも皮膚が薄くなった分、すっきり見えるようになったと感じます。特に、いままでよりも頬や腕、背中、ふくらはぎなどの筋肉の形がはっきりわかるようになってきました。胸の開いた服から見える首から鎖骨のラインや、薄いストッキングをはいたときのふくらはぎの形は、若い頃よりもずっとしなやかではないかしら、と思えます。

それは、大人の女らしい陰影のある身体つきになったということ。そう見せているのは、筋肉です。私は、この年齢で、初めて自分の筋肉と出合ったような気がしています。

さらにしなやかさを身につけたくて、筋力をつけることに目覚めました。

スポーツ栄養学の専門家に教わったことですが、筋肉は、意識を向けて動かすだけで整うそうです。わざわざジムに行くほど熱心でもない私は、日常生活でちょっと意識するようにしています。

階段の上り下りで、ふくらはぎと足首を意識する。自転車をこぐときに、太ももの裏側の筋肉を意識する。洗濯物を干すときに、二の腕の内側の筋肉にきゅっと力を入れる。お腹の筋肉を引き締めるように、横隔膜を使って声を出す。

そんなささやかな「筋トレ」ですが、それだけで、意識した部分の筋肉がすっきり整ってくるのがわかります。

さらに、呼吸法を取り入れたエクササイズを一日二分ほど続けています。「ロングブレスダイエット」という名前で人気のあるエクササイズですが、雑誌の取材で、直接提唱者の美木良介さんに教わったおかげでしょうか、かれこれ四年続いています。

このエクササイズのキモは、私なりに解釈するとこんなことでしょうか。

・深く吸った息を一気に吐くことで横隔膜を鍛える。すると、お腹とウエストが引き締まる。
・同時に、顔と二の腕の筋肉、体幹のインナーマッスルを鍛える。
・肩甲骨をしっかり動かして柔らかくする。

このエクササイズを始めてから、身体が筋肉質になり、基礎代謝量も上がったのは確実です。その分、大好きなチョコレートやお酒をちょっとだけ多めにとっても体重が増えなくなりました。それに、長年の悩みだった腰痛と肩凝りが軽減したのは嬉しいオマケでした。

気持ちを向けて少しだけ努力をすれば、身体は応えてくれる。それがわかったら、歳を重ねることを「衰え」と怖れなくてもいいと思えるようになりました。

茅ヶ崎の家と海岸の間にある公園を、夫婦で散歩します。歩く速度はゆったりでも、しっかりと足の裏で地面を蹴り、ふくらはぎを伸ばすことを意識します。

カラダは変わるもの、と思っておく

……いとおしみながら手入れする

同年代の友人で、ちっとも老けないな、きれいに歳を重ねているなと思える人が何人もいます。彼女たちも、それなりに体型は変わり、目じりの皺やちょっとした目の下のたるみもできています。

でも、その人らしい「いま」をのびのびと生きている感じが、変わらないのです。尋ねたことはないけれど、きっと、彼女たちは年齢による衰えもありのままに受け入れ、そんな自分を大切にしているのでしょう。それが自信になって、生き生きした表情に表れているような気がします。

この年代で何よりも変わるのは、肌だといいます。

私は、薄々感じながらも見て見ぬふりをしていたのですが、美容専門家の知人にそのことをはっきり指摘されて、気持ちを入れ替えました。「年代に応じて身体は変わる。だから、いま必要なケアをしっかりしよう」と切り替えたのです。

それ以来、お風呂上がりだけでなく、ちょっと乾燥しているなと感じたら、これまで以上にていねいに保湿するようになりました。身体全体にも、以前はただざっとクリームを塗るだけでしたが、いまは肌の手触りを楽しみながら、ゆったりマッサージするつもりで塗るようにしています。

また、肌が弱くなったとわかったので、肌着も刺激が少ない素材や形の物に買い替えました。そうやって気を配ると、ちゃんと肌がなめらかになってくれるから、手入れのしがいもあります。

年齢による変化を疎ましく思わず、ありのままを受けとめて、いとおしみながらケアをする。その行為は、もしかしたら自分を新しく「育てて」いるようなものなのかもしれません。

砂浜を歩いていると、心も身体ものびのびとして生き返ります。千変万化の大きな自然に触れると、ささいな悩みは流れさり、自分の本質を取り戻せるような気がします。

「おいしさ」を大切に食べる

……本当に心と身体が喜ぶものを

人間も動物なので、身体が必要とする栄養は「おいしい」と感じるようにできているようです。病気になったときがわかりやすいですね。おかゆと梅干しが欲しいときもあれば、ポタージュのような乳製品が欲しいときもあります。

身体が変わってきたなと感じた40代後半から、日常的に「おいしい」と感じるものも変わったと感じました。私の場合、以前はパンやごはんが好きだったのに、このところは高タンパク高カロリーの物を身体が欲するのです。特に「さあ働くぞ」というときは、タンパク質がなければ動けません。

ちょっと前なら、「太りそう、重すぎる」と敬遠していたのに、いまは常備している食材があります。たとえば、豚肉、ナッツ、チーズ、ドライフルーツ、オリーブオイル、蜂蜜。深く強い滋味が、この年齢だからこそ、細胞の隅々まで染み込んでいくようなおいしさに感じられるのですね。

口さびしいときは、ドライフルーツをつまみます。濃縮された深い味わいが好きになりました。サラダや炒め物には、オリーブオイルを。軽やかなのに旨味のあるところがいいのです。朝のトーストには、蜂蜜をつけます。こっくりとした甘さが、朝の身体と頭を動かす栄養源だと感じます。上等な無塩バターも、40代になってから使うようになった食材のひとつです。

少量食べて、と品よくいかないのが我ながら困ったものなのですが、しっかり食べると身体の隅々まで栄養が行きわたり、元気が出るような気がします。心も満足して、のびのびするようです。

ダイエットを気にしたり情報から入ったりする食べ方は、もう卒業してもいい頃かなと思います。大切なのは、本当に欲しているのはどんな食べ物なのか、身体の声を敏感に感じ取ること。そこを間違わなければ、素直に欲求に従って食べても大きくは踏み外さないような気がします。

そんなふうに自由に食べることを、そろそろ自分に許してあげませんか。

ダイニングの椅子は、スウェーデンのインテリアブランド「スヴェンスクテン」の布に張り替えました。息抜きの時間にはここに座ってナッツをつまみます。

ガラス瓶に好きな食材を入れて並べておくだけで、視覚的にも満たされます。いつでも見て確認できるので、古くなる前に食べ切れるのもいいところです。

家族への奉仕で疲れないために

…自分のしたいことをするのがホスピタリティ

まだまだ家族や人のために尽くすことが多い私たちの世代。一日中、家族のために家事に追われていると、私、何をこんなにがんばっているんだろう、と虚しくなることもあります。

そういうとき、自分に問いかけます。「妻として、母として、こうすべき、と自分を縛っていないかしら？」と。

ホスピタリティの研究者が言っていたことです。「自分が誰かに対してそのときしてあげたいことをしたときに、相手が『まさに、自分はこれをして欲しいと思っていたんだ』と感じるのが、ホスピタリティです」。

たとえばホテルにお客さまが到着したとき、マニュアルでは水を出すことになっているけれど、お茶を出してあげた。客はお茶を飲んで、「ああ、いま自分は温かいお茶が欲しかったんだ」と気づく。そこには単なるサービスを超えた本当のホスピタリティがある、ということなのですね。

長年、妻や母をやってきたために、「べき」像が沁み込んでしまっているとしたら、少し自分を解放してもいいのでしょう。「こういうときはこうするもの」という刷り込みに基づいた自動的なサービスは、必ずしも相手が求めていることではない場合があるし、極端な場合は迷惑にさえ思われかねません。そして、してあげたのに感謝されないとなると、傷つき、疲れてしまいます。

もっとも大切なことは、相手に「心を向ける」ということではないでしょうか。すると、そのときそのときの家族の言葉や振る舞いの奥にある「求め」に対して敏感になり、すうっと受けとめられるような気がします。そんなときは、「してあげたい」という気持ちが自然に湧いてくるのではないでしょうか。

自分がしてあげたいことをしたのなら、相手からことさら感謝をされなかったとしても、不満よりは満足感が残るはずです。

自分を楽にする言葉

…「ありがとう」を口癖に

この年齢になると、家族や親にしろ友人にしろ、長いおつきあいになってきます。お互いのことはだいたいわかってきた分、逆に、ささいなことが原因で感情が行き違う場面が多くなっている気がします。

子どもは、制服にアイロンがかけてあるのがあたりまえ、かけていないと「えー」なんて不満顔になります。夫の帰りが遅いとき、食事を待っていると、「待ってなくていいのに」と迷惑顔になります。「ちょっと、いいかげんにして！」と思うのですが、振り返れば、自分も同じような振る舞いをしていたことに気がつきます。

夫と知り合った頃、ささやかなことにでも「ありがとう」と言うことに感心したのが記憶に残っています。結婚後の日常生活では言葉の足りなさに腹が立つことはあるけれど、いまも、たとえば物を渡しただけでも「ありがとう」と言ってくれるのは、やはり嬉しいことです。

そこで、私も見習うことにしました。ちょうど、アメリカで気軽に「サンキュー」と言い合うイメージで、「ありがとう」を口癖のように言うようにしてみたのです。

最初はちょっと気恥ずかしかったけれど、そのうちすぐに慣れました。コツは、心底ありがたいとは思っていなくても、何かしてもらったときなどにオートマチックに言うことです。そして、常に言い続けます。すると、子どもも気軽に「ありがとう」と言うようになっていき、家族の関係が軽やかになった感じがしました。

人に何かするときは、どこかで「してあげた」という気持ちがあるものです。してもらった方も、小さな負い目があります。そのやりとりに「ありがとう」という言葉があるだけで、お互いに「してあげた」「してもらった」という荷物を下ろせる感じがして、軽やかになったのです。

「ありがとう」は相手のための言葉だと思っていたけれど、自分を楽にしてくれる言葉でもあったのですね。

「思いどおりにならなさ」を大切にする

…夫の靴下は拾えばいい

日々の小さないらいらは、何が原因でしょうか。

夫に「更年期じゃないの」と言われたりすると、「そうじゃなくてあなたのせいよ!」と言いたい気持ちがこみ上げてきて、「でも、やっぱり更年期かも」と思う自分にがっかりします。女性の40代後半は、この小さないらいらとの闘いかもしれません。


私がいらいらするのは、こんなときです。

部屋をきれいにしておきたいのに、子どもが帰ってきたらあっという間に物が出しっぱなし、置きっぱなしに。夫には、常々「靴下は脱いだら洗濯機に入れてね」と言っているのに、ソファの下や、なぜか階段の途中に脱ぎっぱなし。今日はみんな晩ごはんを食べるというから、せっかく料理に手をかけたのに、帰りはみんなばらばらで三回も用意し直すはめになっている。

要は、自分が望むことと家族がすることがずれていて、「なんで！」と引っかかるのです。

家事塾には、家のなかがすっきりしないわけを話し合うワークがあります。そういうとき、自分への反省と同じくらい、家族への不満が出てきます。すっきりしない原因は家族にある、と結論づける人もいるくらいです。

私は、家事塾でたくさんの家族の暮らしを見聞きしてきて、自分と家族のずれを「ひとりで解決しようとしないこと」が大切なのだとわかってきました。よく、「家族でルールの共有を」と言われていますが、多くの場合は、「家族でお母さんのルールの共有を」になってしまうのです。お母さんは、家族みんながなんとか実行していけるルールを見つける調整役になる方が、暮らしは楽にまわるようになります。

その第一歩として、家のなかで「私の思いどおりにならない」ことこそがポイントなのだ、と考えてみるのがお勧めです。

夫の脱いだ靴下を見たときに、「ああ、こうしたいんだなあ」「こうするのが楽なんだなあ」とありのままに受けとめてみます。それから、「改めてほしい」という目ではなく、「なぜここで脱ぐのかしら」「脱いだ後、何をしているのかしら」とちょっと観察してみます。すると、夫がソファの下に靴下を脱ぐわけは、だらしないからではなくて、家に帰ったらまず家族のいるリビングでくつろぎたいからだ、とわかるかもしれません。

自分の思いどおりにならないこととは、相手が「どうしてもそうしたいこと」なのです。

相手のしたいことを尊重してあげれば、自分ができることも見えてきます。「靴下を朝までほうっておくのは我慢できないけど、夜に拾って洗濯機に入れることは我慢できる」といった感じです。そして、「夫は、服は自分で片づけるが、靴下だけはソファの下に脱ぐ。私は夜に拾って洗濯機に入れる」というルールを決めたら、あとはもう考えたり怒ったりしないようにしてしまいます。すると、不満やいらいらもなくなります。

神さまみたいに達観する必要はありません。

多少、ほころびがあるのが生きた暮らしです。家族や自分のしたいことやできることをうまく組み合わせて、毎日を幸せに暮らせればいいだけなんだからと、少し自分にやさしくなってみてください。

スナッファーという、
キャンドルの炎にかぶ
せて消す道具。いらい
らの火をそっと消す、
こんな道具があるとい
いのにと思います。

子育てのゴールを考えてみる

…子どもが家から出る日に備える

子どもがまだ幼くて手がかかっていたときは、「この毎日が、いったいいつまで続くのだろう」と永遠のように思えたのに、気が付けば子どもは、友だちや恋人とともに過ごす時間の方が大切になってきているようです。特に高校生の息子を見るにつけ、いよいよ子育てのゴールが近づいてきたことを感じます。

もちろん、親子関係にゴールはないけれど、子育ては子どもが家を出る日にゴールを迎えます。上の息子が独立する日まで、せいぜいあと数年。さらに、下の娘は十年後くらいでしょうか。

その日を安心して迎えるために、まずは残りの数年で親としてできることを改めて考えることが増えました。

小さな頃はお手伝いも喜んでしてくれ、あいさつや立ち居振る舞いを注意したら素直に従った子どもたちも、成長すると共に言うことを聞かなくなり、そもそも家にいなくなって注意すらできません。

でも、このままでは、社会人になってからが心配です。残りの日々は、一度教えた家事やマナーがしっかりと身についているかをチェックしながら教える「仕上げ」の時期だと考えるようにしています。

私としては、子どもたちを仕上げて送り出せたら、それだけで親としての自分の人生をまっとうしたと思える気がします。後は、子どもたちは親頼みではなく周囲の人と助け合いながら、自分の人生を生きていってくれるでしょう。

その先の自分は、まだどうなるか予想もつきません。

娘が独立する日には、私は60歳前後。子どもが家を出た後には、時間はまた、すべて自分のために使えるようになるはずです。夫婦だけで過ごす時間も増えます。子どもも部屋が空いたら、家の使い方も変わるでしょう。

これらの大きな変化の先が具体的にどうなるか、いまは予想がつかなくても、子育てのゴールが視野に入っているだけで、ちゃんと次の自分に備えていることになるのではないでしょうか。

つかずはなれずのおつきあいが世間を広くする

…世間話をしてみる

浅草に引っ越してきたら、ご近所づきあいがとても心地いいのです。

私は、常に仲よくしなければならないような人間関係は苦手で、近所づきあいもほどほどの距離を置いてきたのですが、浅草は江戸時代からの庶民の町だけに、いい感じのご近所づきあいが生きています。その空気に触れたら、おつきあいのツボはこういうことか、と納得しました。

今の夫は、「生まれも育ちも葛飾柴又」。子どもの頃から下町の近所づきあいが体に染み込んでいます。そんな夫が朝夕に近所の人と立ち話をし、暮らしの情報を引き出している様子から、新鮮な驚きをもって学んでいるところです。

ご近所づきあいとは、詰まるところ世間話。親身な相談ごとでもなく、趣味の話など特別な話題でもなく、「今日はどちらまで？」「昨日、○○さんに会ったんですよ」「近くにいい歯医者がいないですか」といった、何でもない会話です。

顔見知りに会ったら、「こんにちは」だけでなく、ほんの半歩進んで当たり障りのない会話を交わす。そんなつかずはなれずのおつきあいが、世間を広くしてくれます。ほどよいつきあいは、他人へのちょっとした好奇心が作り出してくれるようです。

「プライバシーの尊重」の名を借りた無関心からは、何も始まりません。かといって、下世話な興味本位では、お互い不愉快になります。

そのどちらでもなく、「この人って、どんな人かしら？」「子どもがひとりで歩いているけど、大丈夫かな？」など、ふと心によぎる好奇心を、じょうずにコミュニケーションに変えること。それが近所づきあいを、必要にして充分な関係性にしてくれるのだ、と感じています。

近所に住む80代の女性は、娘の友だちに「引っ越してきたばかりなんだから、仲よくしてあげなさいよ」と声をかけてくれていたそうです。それを知ったときに、どれほど心強かったことか。よく言う「ご近所の力」とは、こういう日常の触れ合いから生まれるのですね。

この歳で今さらなのですが、やっとご近所づきあいが自分のものになってきたと、わくわくしているところなのです。

ありのままの自分を好きでいること。まわりの人に節度ある好奇心を抱くこと。人の役に立ちたいと願うこと。そんな心持ちでいられれば、毎日を健やかに過ごすことができそうです。

どんな仕事も人の役に立つ喜びがある

…働いてみる

家事や育児が少し楽になってくる40代になると、まわりに再就職する人が増えてきます。「私も働こうかな」と思う機会も、増えるのではないでしょうか。

ただ、やはり家事と育児をがんばってきて勤めからしばらく離れていた女性が、再び働くにはハードルがあります。思い描いたような仕事ができない場合もあるでしょうし、そもそも何がしたいのかがわからない場合だってあるはずです。

ずっと働いてきた私でも、数年おきに「私、何ができるんだろう。何がしたいんだろう」と悩むのだから、働こうと思ってすぐに、できることやしたいことがはっきりわからなくても当然だと思います。でも、そこでめげないでほしいのです。

働いてみたいと思ったら、どうぞ、まずはどんな仕事でも働き始めてみてください。

食品の売り子でもウェブのライターでも病院の受付でも、チャンスがあったら、飛び込んでみましょう。そこから、必ず次のステップが広がっていくはずです。

必要に迫られて、自分のなかに隠れていた新しい才能に気づくかもしれないし、働く姿を見ていてくれた人が、違う職場を紹介してくれるかもしれません。最初は「たまたま」の採用だった職場が、やがてはあなたを必要とする場になる可能性を秘めています。

働いていると、人から必要とされていることが実感できます。もちろん、いやなこともあって当然。そこでくじけずに自分を励ましながら続けられたら、それだけで確実に成長しているということです。外で働くのは面倒で気が重いときもあるけれど、背筋をしゃんとさせてくれる緊張感は、他に代えがたいものです。

家事塾で学ぶ人々を見ていると、どんな人でも、「誰かの役に立ちたい」という思いを抱えていることがわかります。それを形にしてくれるのが仕事です。「お金のため」と割り切ったっていいのです。仕事には、必ず喜びややりがいが隠されています。それは、働いている現場で、ポジティブに見出そうとする人にだけ見つけられる宝物です。

働きはじめると、日常生活にもメリットがもたらされます。何よりもまず、細かいことをくよくよと気にしなくなるはずです。どんなことでも取りかかるまでは大変なものですが、すべきことに追われるようになると、「いつやろう」「やっぱりやめようか」などと悩んでいる暇がなくなるわけです。細かいことは忘れてしまうでしょうし、すぐ済むことはさっさと済ませるようになるでしょう。「くよくよしていた自分が嘘みたい」と思えるに違いありません。

それに、家族にもいい効果があります。忙しくがんばっている様子が伝わるから、それまでお手伝いに消極的だった子どもも、家事に理解がなかった夫も、意識が変わるはず。家事に手がまわらなくなったら、一人で抱え込まず堂々と助けを求めてください。

へとへとに疲れているときに家事を分担してもらえたら、心から「ありがとう」「助かったわ」と言えるでしょう。そうすれば今度は、自分が家族に「人の役に立つ喜び」を与えることにもなりますね。

今は家でできる仕事も多いので、まずはチャレンジを。パソコンの技能資格やお金の知識など、勉強からスタートするのもひとつの手です。

危ういバランスでもよしとする

……バリバリ働いている人へ

すでにいま、バリバリ働いている人は、もちろん働く喜びがあると同時に、忙しすぎる毎日に疲れることもあるでしょう。若い頃のように仕事だけをしているわけにはいきませんから。

平日は仕事と日々の食事の準備で精いっぱい。休日にはたまった家事を片づけたいけれど、夫や子どもと出かける時間も欲しい。結局、いつもフル活動で、いつも疲れている気がします。私がいままさにそういう段階なので、「ゆっくりしたい」「もし病気になったらどうなるの」とため息をつくこともあります。

ワークライフバランスは、どう見ても危ういと思えてきますね。とはいえ、とりあえずこれだけの量のことが滞りなくまわっている。それもひとつのバランスだと思うことにしています。陳腐なたとえですが、独楽《こま》のバランスです。

これは、「人生の繁忙期」と言えるこの年齢ならではのものなのだと思います。そのうち、自然に次の人生のフェーズに移るはず。そう思って、いつも自分を奮い立たせています。

乗り切るコツは、完璧を求めないこと。仕事はいつも中途半端、家事はいつも山積み状態、などと気にしていると、「私には両立なんて無理」とつらくなってしまいます。任された仕事をこなし、家族が健康に暮らせる程度には掃除や洗濯ができているのであれば、立派に両立できているのです。

もし、本気で家事の改善に取り組みたいなら、少し時間をかけて家族を巻き込む算段をつけたほうがよいかもしれません。

家族は、意外に、家にはどんな仕事があって、どんなふうにまわっているかを知らないものです。「いつも見ているのだから、わかっているはず」と相手を過大評価せずに、ていねいに説明すると、ちゃんと理解して受け入れてくれるようです。「やってくれるのがあたりまえ」から「大変な思いをしてやってくれていたんだな」に意識が変われば、しめたものです。

頼む内容は明快に、具体的に伝えましょう。自分ではあたりまえと思っている手順や始末の仕方も、人にとっては思いもよらないということもあります。そこで、最初にうまくできていなかったら「なぜそれではよくないのか」を説明して、「次からこうしてくれるともっと助かるわ」などとポジティブに伝えると、お互いいやな思いをせずに改善していくことができます。また、夫に分担を求める場合、相手のやり方を尊重して受け入れることも必要になるでしょう。

みんなで家事をするようになると、「忙しいからこそ、家族が支え合っているね！」と、家族のつながりが深まることは請け合います。

いまの状態は、エンジンを止めたら失速してしまう、そんな危ういバランスかもしれません。でもそんなときこそ、家族で助け合わなければという意識が芽生えます。

生活リズムの譲れない基準を守る

…睡眠をおろそかにするとどんどんダメになる

この二、三年、子どもの成長や家族の変化と共に、自分の生活リズムが乱れはじめたとき、何よりもつらかったのは睡眠がうまく取れないことでした。

子どもが小さい頃、生活習慣を作る時期に、自分のいまの睡眠リズムを作りました。九時過ぎに子どもと布団に入って寝かしつけた後、本を読んで十時半には眠る。朝は五時か六時に起き、前日の残った仕事を朝のうちに済ませる。

そのリズムを守ってしっかり眠ることで、子育てと仕事でハードな時期の、体力と気力を保ってきたのでした。

そしていま、子どもが育つと共に、家族が食事や入浴の時間を合わせることが難しくなっていきます。しかも、この状況にいちいち気をもむのは私だけ。帰ってこない夫を待って夕食を食べ損ねたり、夜遅い息子を起きて待っていたら、目が冴えて眠れなくなったり。家での時間を家族に合わせようとしたために、自分の生活リズムが保てなくなりかけていました。

そのことについて家族と話し合おうとしても、「待っていなくていいのに」「眠いなら寝ればいいじゃないか」と言われ、生活リズムだけではなく、心までぐちゃぐちゃに……。何度かの夫婦げんかや、息子との話し合いを繰り返して、私はやっと自分を納得させることができるようになりました。家族に合わせていらいらするよりも自分の生活リズムを守った方が、家族も自分も楽に過ごせるのだ、と。特に睡眠だけは自分のリズムを守ろう、と。

P.142で家族へのホスピタリティについて触れましたが、自分自身へも「こうするべき」から「こうしたい」に切り替えると、家庭という場が自分や家族にとってもっとやさしくなる気がします。睡眠に限らず、食事でも運動でも「自分がこうしたい」という生活リズムの基準を、もっと大切にしてみてはいかがでしょうか。

これからを共に生きるために

…パートナーとの関係性を見直す

パートナーと共に暮らして、何年ですか。十五年、二十年？　本当に長い時間を一緒に過ごして、いろいろなことを一緒に乗り越えてきましたね。

夫婦はお互いに、いかに譲り合えるかが長持ちする秘訣といいますが、より妻の方がたくさん譲ってきたはずだと思うのは、自分が女性ゆえのひいき目でしょうか。いずれにせよ、よくここまで続けてきました。

さて、これから先にパートナーと共に生きていくために、一度、関係性を見直してみることがあってもいいと思います。

50代は、親元を独立してから自分なりに築いてきた家族や仕事のつながりを、いったんほどいてまとめなおす時期です。いったんほどいてまとめなおすとは、産み育てた子どもが自分の手元から自立していき、新しい関わり方を作ること。いままで頼りにしてきた親が80代前後になって、今度は娘である私を頼りにする新しい関わり方をつくること。

そして、結婚して、それぞれの価値観をすり合わせながら家庭を築いてきた夫が、「父親」の役目を卒業し、「職業人」としての転換期になり、妻である私との新しい関わり方を作ること。

それに、夫婦ともに身体が変わる時期ですね。自分やパートナーの身体とも、新しい関わり方になるわけです。このタイミングで、これからの時期をもっとも身近に支え合って過ごすパートナーとの関わり方を見直せるかどうかが、これからの自分が幸せに過ごせるかを決めるカギなのだと思います。

私は、このタイミングが再婚と重なったために、人よりも楽な面と面倒な面があったのかもしれないと感じています。

よかったのは、お互いに相手が変わったのだから再構築はあたりまえ、と思って努力できたこと。夫婦での休日の過ごし方や、家での仕事の仕方、家事の分担も話し合いました。初婚のときにも同じような相談をした覚えはあるけれど、この歳なりの内容に変化していたのが発見でした。ルールどおりにはいかないこと、同じ作業でも人によって負担感が違うこと、自分の「よかれ」が関係を悪くすることなどがわかってきたのが、大きいですね。

再婚などというきっかけがなくても、この年代に話し合いの機会を持つことは、夫婦にとってとてもいいことではないでしょうか。結婚記念日に、二人で食事をしながら話すのもいいでしょう。そのとき、「あなたは、いつもこうだよね」と不満をぶつけるように口火を切るのではなく、「私は、こうしたいの」と自分の考えを伝えるとよいようです。

長年続いている夫婦なら、相手に変われと要求しても難しいものです。でも、自分がふだん感じていることを知ってもらうだけでも、意味があるのではないでしょうか。相手から「自分はこうしたい」という提案や「では、どうしたいの?」という質問が出てきたら、大収穫です。

もし、夫婦の関係について話がうまくできないと感じたら、ソフトではなくハードの面から話し合うのも有効です。つまり、家のリフォームです。台所をリフォームするだけでも、これからの夫婦の暮らし方を考えるいい機会になるはずです。

再婚したときに買ったエルメスのマグカップとパン皿。「過去からの連続」ではない視点でいまの夫婦の関係を見直すときに、二人で使う物を新しくしてみるのもいいものです。

ふたたび自分らしさと出合う

…20代でできなかったことをする

20代の頃、かなり自由に生きていたと思うけれど、できなかったこともあります。たとえばそれは、大型バイクに乗って遠くまでツーリングすること。

バイクに乗れば無茶をすることがわかっていたので、「死んだら親が悲しむうちは、乗らない」と決めたのでした。そのうち「子どものためにいま死ぬわけにはいかない」という時期が始まってしまいました。

でもこのところ、いよいよバイクに乗ってもいい時期が近づいてきたな、と思っています。あと数年で、自分が果たすべき責任はほぼ果たせそうだから。だからこそ、それまでは、いまの私を精いっぱいがんばろうと思います。

おそらくその先の自分は、バイクに乗っても事故を起こさないセルフコントロールが無理なくできるでしょう。「いつ死んでもいい」という奔放な自由に戻るのではなく、自分の行動の結果を恐れない、しなやかな自由を手にしている気がします。

知人には、50代、60代で、山登りやトライアスロンなどの挑戦を始めた人が何人もいます。無鉄砲にさえ見える彼らは、うらやましいくらい愉しげなのです。私も将来の仲間入りを目指して、バイクのカタログを眺めたりし始めました。50代だからこそ、人からどう見られるかに囚われず、「いまを生きる」ことを存分に楽しめる私になれるでしょう。

これから先に開ける自分らしい人生に、今から心を躍らせているのです。

何の肩書きも立場も背負っていなかった若い頃の自由さを、取り戻すときが近づいてきています。義務を果たすことのしんどさと喜びを知っている今だからこそ、あの頃よりも輝ける自信があります。

辰巳 渚 たつみなぎさ

1965年生まれ。お茶の水女子大学文教育学部を卒業。2000年『「捨てる！」技術』が130万部のベストセラーに。成熟時代に、ほんとうに豊かに生きるための新しい生活哲学と、具体的な暮らし方の提案をつづけている。著書に『「暮らす！」技術』(宝島社)、『家はこんなに変えられる』(大和書房)、『人生十二相』(イースト・プレス) など多数。

美しく軽やかに

暮らしを整える44の秘訣

平成27年3月18日　初版第一刷発行

発行者　澤井聖一

発行所　株式会社エクスナレッジ

〒106-0032

東京都港区六本木7-2-26

問い合わせ先

編集　Fax:03-3403-1345　info@xknowledge.co.jp

販売　Tel:03-3403-1321　Fax:03-3403-1829

〈無断転載の禁止〉本誌掲載記事（本文、図表、イラストなど）を当社および著作権者の承諾なしに
無断で転載（翻訳、複写、データベースへの入力、インターネットでの掲載など）することを禁じます。